장사, 이제는 콘텐츠다

장사의 神
김유진의 秘

장사,
이제는
콘텐츠다

쌤앤
파커스

최고의 가치를 선사하라

증명하고 살아남기

자극 없는 반응은 없다

《한국형 장사의 신》(2014), 《장사는 전략이다》(2016)에 이어 3년 만에 새 책을 내놓는다. 앞선 두 권에서 나는 대한민국 자영업 시장에서 절대로 쓰러지지 않는 법, "다 망해도 나는 살아남는" 노하우를 낱낱이 공개했다. 장사의 기본기는 물론 고객을 끌어당기는 법, 전략적 차별화, 호기심 유발, 비주얼커뮤니케이션으로 판 뒤집기, 스토리텔링으로 확장하는 비법까지, 생존에 필요한 키트들을 담아냈다.

지금까지 10만 명에 이르는 중소 자영업자들이 책 속의 내용을 현장에 도입했다. 그렇게 해서 오른 매출은 적게는 30%에서 많게는 300%에 이른다. 다 합하면 계산기 자릿수가 모자랄 정도다. 숫자보다 중요한 건 자신감이다. 책에 제시한 내용들을 씹고 또 곱씹어 매장에 적용한 사례들을 읽고 있자면 내 가슴이 다 쿵쾅거린다.

내 목표는 고객이 행복해지는 것이다. 나에게 고객이란 독자와 수강생이다. 여러분이 내 이야기를 듣기 전보다 단 1%만이라도 더 행복해졌으면 좋겠다. 행복은 그리 멀리 있지 않다. 헌데 이 녀석은 늘 꽁꽁 숨어 모습을 잘 드러내지 않는다. 평생 이 친구를 만나지 못하고 떠나는 사람들도 많다.

누군가는 기껏 책 한 권 읽고 인생이 뭘 그리 대단하게 행복해지겠냐며 웃을지도 모른다. 그래서 나는 가능한 한 많은 감각을 건드려보려고 애를 쓴다. 우린 많이 무디다. 워낙 다양한 자극에 노출되다 보니 웬만해서는 눈 하나 깜짝하지 않는다. 그래서 설계도를 짜기 시작했다. 고객이 내 브랜드와 음식을 만났을 때, 아니 단어를 듣기만 해도 가슴 뛰고, 설레고, 마구 달려가 구매하고 싶게 만드는 탄탄하고 치밀한 설계도를 그렸다. 이것이 지난 2년여간 강연을 통해 수백수천 명에게 전달한 내용이기도 하다.

여기 간단한 공식이 있다. 공식을 이해하지 못하면 절대로 문제를 풀 수 없다. 바로 '자극'이다. 영어로는 stimulate. 한자로는 刺(찌를 자), 戟(창 극). 생물의 감각 기관에 작용하여 반응을 일으키게 하는 일을 말한다. 찌르지 않고서는 절대로 반응이 일어나지 않는다. 시각·청각·후각·미각·촉각·통각·균형감각·장력·수평감각 등 인간이 가진 21가지 감각에 누가 얼마만큼 더 강하고 깊은 자극을 주느냐가 성패를 좌우한다.

"이렇게 열심히 하는데 고객들이 다 알아주겠지. 걱정 마."

아니, 여러분은 걱정해야만 한다. 여러분이 신호를 보내지 않으면 고객들은 눈길 한번 주지 않을 것이다. 고객 입장에서는 미안할 것도 없다. 세상에 널리고 널린 그 무딘 자극들 속에서 전혀 차이를 느끼지 못할 것이기 때문이다. 망설일 틈이 없다. 머뭇거리는 사이 경쟁자의 칼날이 고객을 자극한다. 그리고 반응을 얻어간다.

멍하니 쳐다보고 있는 사이, 라이벌은 기술 점수, 예술 점수, 감동 점수…, 마구마구 득점을 이어갈 것이다. 당신은 또 그만큼 뒤처진다. 목이 쉬어라 디테일을 강조하는 이유도 여기에 있다. 여러분의 매장과 비즈니스를 구성하고 있는 모든 부품과 단계에서 디테일이 살아야 한다. 벼리고 벼려 시퍼래진 칼날을 준비하지 않으면 고객의 뇌에서 사라지고 만다.

굳이 고통스럽게까지 만들 필요는 없지만 오래도록 뇌 속에 들러붙어 있을 정도의 자극을 만들기 위해 우리는 애를 써야 한다. 잠들어 있는 고객의 뇌는 엉성한 자극에는 꿈쩍도 하지 않는다. 그러니 날카롭고 예리해서 딱 한 번 찔리는 것만으로 "어이쿠!", "와우!", "으악!" 하는 감탄사와 비명이 나올 수 있도록 무시무시한 자극을 만들자.

이 책은 전작 《장사는 전략이다》의 특별 심화 과정에 해당한다. 지금까지 x축과 y축으로 이루어진 평면적 사고에 머물렀다면 이 책에서는 입체적으로 고민하고 지속 가능한 솔루션(z축)까지 제공하는 것이 목적이다. 점과 점이 만나 선을 만들고 선과 선이 만나 면을 만든다. 여기에 z축이 더해지면 3차원 공간이 만들어진다. 그물처럼 촘

촘하게 전략을 세울수록 고객을 놓치지 않고 잡을 수 있다. 그럴 때 여러분의 매출은 상상할 수 없을 정도로 커질 것이다.

이 책에서 공개하는 솔루션을 적용하면 수십 배, 수백 배 더 많은 고객을 사로잡고 매출을 올릴 수 있다. 단, 튼튼한 기초 없이는 아무 것도 세울 수 없다. 전작 《장사는 전략이다》가 바로 그 기초에 해당 하므로 반드시 이 책을 읽기 전에 미리 또는 이 책과 함께 읽기를 권 한다. 이제 수익과 이익을 극대화하는 사다리를 한 칸씩 공개할 것이 다. 사다리를 오르는 건 오롯이 여러분의 몫이다.

2019년 3월
김유진

프롤로그

①

스포트라이트를 쏴라

자극하고
만족시키기

고객의 지갑을 여는 비밀 열쇠

김유진표 구매행동 공식

'**구매행동**'이란 고객이 여러분의 매장을 찾아가서 무언가를 사는 행동을 말한다. 세계적인 학자들은 소비자가 어떤 과정을 거쳐 구매에 이르게 되는지 그 단계를 연구해왔다. 미국의 경제학자 롤랜드 홀은 AIDMA*라는 소비자 구매행동 이론을 발표했다. 소비자가 상품에 대한 정보와 광고를 접한 후 어떤 단계를 거쳐 상품을 구입하게 되는지, 그 과정을 설명한 이론이다. 이게 1920년대의 일이다. 이후 많은 학자들이 구매행동을 분석해왔고 자신의 스타일로 이론을 발표했다. 2005년 일본의 광고대행사 덴츠는 이 이론을 바탕으로 AISAS** 이론을 발표했다. 지난 85년간 소비자가 상품과 접촉할 수 있는 채널이 많아졌다. 특히 인터넷, SNS 등 소비자의 구매행동에 영향을

* 주의(Attention), 흥미(Interest), 욕망(Desire), 기억(Memory), 행동(Action)
** 주의(Attention), 흥미(Interest), 검색(Search), 행동(Action), 공유(Share)

미치는 것들의 변화는 상상 이상이다. 기업에서 던져주는 정보를 일방적으로 받아들이던 시대는 이미 지나갔다. 소비자가 주체가 되어 자발적으로 정보를 발굴하고 경험한 다음 적극적으로 공유한다. 기업들은 상품에 대한 정보와 차별화 포인트를 이 프로세스 어딘가에 심어 넣기 위해 개입하고 관여한다. 그러지 않으면 고객의 뇌에서 영원히 잊힌다는 사실을 잘 알고 있기 때문이다.

우리도 앉아 있을 수만은 없다. 목숨 걸고 고객의 구매행동에 끼어들어야 생존할 수 있다. 어찌 보면 경쟁에서 증발하고 마는 90%의 자영업자들은 이 과정을 아예 인지하지 못했거나 무시한 결과가 아닐까?

지난 24년의 경험을 바탕으로 나만의 구매행동 공식을 만들어보았다. 여러분이 이 과정을 조금이라도 이해한다면 왜 고객과의 관계에서 자극을 만들어내야 하고, 그들과 관계를 유지하고, 의심을 안심으로 바꿔줘야 하는지, 그 이유를 이해할 수 있을 것이라 생각했기 때문이다.

지금부터 공개하는 과정은 가장 중요한 프로젝트를 맡게 되면 제일 먼저 꺼내보는 '전투 지도'다. 목적을 달성하기 위해, 처절한 전쟁에서 승리하기 위해 기도하듯 되뇌는 것이니 반드시 숙지해서 살아남으시기 바란다. 물론, 장전 아카데미 수업을 통해 이미 수백 명이 검증한 이론이니 믿으셔도 좋다.

1 스포트라이트를 쏴라

김유진표 구매행동 공식

자극
"당신이 고객을 맞이할 준비가 되었다는 사실을 적극적으로, 목숨 걸고 알려라. 만들어지지 않으면 어떠한 반응도 일어나지 않는다."

주의/주목
"흘깃 쳐다보고 말았다면 주의가 아니다. 한번 보고도 뇌에 자극을 남길 수 있을 정도가 돼야 구매에 대한 최초의 고민이 시작된다."

관심
"여러분이 제공하는 자극, 주의, 주목은 반드시 고객에게 행복과 혜택을 줄 수 있어야 한다. 고객과의 약속을 지키고 있다는 증거를 보여줘라."

흥미
"마음을 끌었으면 이제는 양 볼에 침이 흐르게 만들어야 한다. 보는 순간 침샘을 자극하고 구매 욕구를 자극해야 오너로서 자격이 있다."

검색
"이제 고객의 뇌는 이렇게 지시한다. '자, 얼른 네이버나 구글을 뒤져봐. 인스타그램하고 페이스북도 검색해보란 말이야.'"

비교
"인간은 손해를 정말 싫어한다. 가격, 디자인, 성능, 만족감…. 비교 가능한 모든 장치들을 동원해서 여러분의 경쟁자와 비교 분석한다."

호감
"비교에서 경쟁자를 따돌리면 점수를 딴다. 경쟁자보다 1%씩 더 강해지자. 가만히 있어도 줄 서는 집이 되고 싶은가? 디테일에 집중하라."

신뢰
"최고가 아니어도 좋다. 최고의 맛이 아니어도 좋다. 당신의 고객에게만큼은 최고인 것처럼, 최고의 맛인 것처럼 신뢰를 얻을 수 있으면 된다."

구매
"손해를 싫어하는 고객에게 어떤 혜택으로 마지막까지 행복을 줄 것인가? 뻥튀기든 소포장 깍두기든 지불 순간의 고통을 덜어줄 장치를 마련하라."

공유
"끝날 때까지 끝난 게 아니다. 여러분의 매장에서 겪은 경험을 여기저기 자랑하고, 알리고 싶게 만들어라. 소비는 과시다. 고객이 후회하는 순간 끝이다."

자극하고 만족시키기

@한국수 서초점

당신이 고객들을 맞이할
준비가 되었다는 사실을 목숨 걸고 알려라.
만들어내지 않으면
어떠한 반응도 일어나지 않는다.

1 스포트라이트를 쏴라

1. 자극(刺戟)

[명사] 1. 어떠한 작용을 주어 감각이나 마음에 반응이 일어나게 함. 또는 그런 작용을 하는 사물.

비즈니스는 설득이다. 누가 더 뛰어난 설득 전략을 구사하느냐가 성패를 좌우한다. 모두가 궁금해한다. 설득하는 특별한 비법은 무엇인지. 첫 단계는 자극이다. 비전공자이거나 아예 커뮤니케이션에 대한 이해가 없는 분들이 종종 '지나치게 자극적이지 않느냐?'며 초점 빗나간 질문을 하지만 이 과정을 이해하지 못하면 절대로 설득은 그리고 구매 유도는 불가능하다. 커뮤니케이션과에 입학하면 첫 시간에 'SR이론'을 배운다.

SR이론이란 '학습은 어떤 자극^{Stimulus}에 대해서 생체가 나타내는 특정 반응^{Response}의 결합으로 이루어진다'는 이론이다. 자극-반응 이론이라고도 하며, E. 손다이크가 자극과 반응의 결합설을 주창한 것이 시초라고 할 수 있다.

"자극이 없으면 반응도 없다!"(No Stimulus, No Response) 고객에게 다가갈 어떠한 자극도 만들어내지 못하면 반응은 없다. 여러분이 거기에서 그렇게 매장을 운영하고 있다는 사실조차 알지 못한다. 거의 모두가 이렇게 끝난다. 그러니까 목숨 걸고 알려라! 당신이 고객들을 맞이할 준비가 되었다는 사실을. 수단과 방법을 가릴 여유가 없다. 현수막, 전단지, 페이스북, 블로그, 인스타그램… 배가 고파 혈안이 된 고객들이 여러분을 간택할 수 있도록 길목마다 표시를 남겨라.

다시 한번 강조한다. 고객이 여러분의 매장을 찾아와 구매하도록 설득하기 위해서는 강렬한 자극이 필요하다. 만들어내지 않으면 어떠한 반응도 일어나지 않는다.

——————————— "오호, 사진 예술이네! OK, 찜했어."

2. 주의와 주목

주의(注意) [명사] 1. 마음에 새겨 두고 조심함. 2. 어떤 한 곳이나 일에 관심을 집중하여 기울임.

인간은 어둡거나 모르거나 경험해보지 않은 상황에서 조심한다. 안전을 위한 본능이다. 부스럭 소리라도 나면 귀를 쫑긋 세우고 신경을 곤두세운다. 자극에 대해 주의를 기울이는 것이다. 그리고 마음에 새긴다. 고객의 뇌에 딱 들러붙기 위한 두 번째 단추가 바로 주의다. '고만고만한' 경쟁자들 사이에서 고객이 마음에 새기고 싶은 자극이 있어야 주의를 끌 수 있다. 왜 주의는 '만든다'고 하지 않고 '끈다'고 하는지 아시는가? 그놈의 주의란 녀석은 늘 남에게 가 있으니까! 그래서 주의는 반드시 끌어와야 한다. 당신에게만 집중할 수 있도록.

주목(注目) [명사] 1. 관심을 가지고 주의 깊게 살핌. 또는 그 시선.

주의를 끌면 주목받을 수 있다. '목'은 눈을 가리키는 한자다. 눈을 사로잡아야 한다. 인간은 습득하는 정보의 약 83% 정도를 시각에 의존한다. 이 중 컬러가 80%를 차지한다. 그러니 자극이 눈을 사로잡지 못하면 말짱 도루묵이다. 주의와 주목은 일심동체다. 2인3각 경주를 뛰는 선수들마냥 한 호흡으로 연결되어야 설득'력'을 갖는다.

예비 고객이 뇌 에너지를 소모하면서까지 깊게 살피고 싶은 마음이 생겨야 구매행위에 다가간다. 파사드(정문 외벽), 상호, 인테리어, 컬러, 콘셉트, 인사, 테이블, 수저, 물통, 앞치마, 휴지통, 메뉴판, 유니폼, 커트러리, 플레이팅, 카운터, 마일리지….

뇌쇄적 비주얼로 차별화해야 한다. 한번 보면 자극이 뇌에 자국을 남길 수 있을 정도가 되어야 드디어 구매할까 말까 최초의 고민이 시작된다.

@막불감동

고객이 볼 수 있도록 벽, 테이블, 수저통, 물통 등에 적어놓고
약속을 지키고 있다는 증거를 꼭 보여줘라.
이것이 바로 비즈니스 성패를 좌우하는 최고의 노하우다.

1 스포트라이트를 쏴라

3. 관심(觀心)

[명사] 어떤 것에 마음이 끌려 주의를 기울임. 또는 그런 마음이나 주의.

이제는 마음이 동할 단계다. 시각 청각 후각 촉각을 건드렸는지는 모르겠으나 심장을 관여하게 만드는 건 그보다 한참 윗길의 기술이 필요하다. 절대로 잊으면 안 되는 사실이 한 가지 있다. 여러분이 제공하는 자극, 주의, 주목은 반드시 고객에게 행복과 혜택을 줄 수 있어야 한다. 무언가에 관심을 갖는다, 즉 마음이 동했다는 건 호감을 갖는 것과 같다. 호감이 쌓이면 신뢰가 된다. 그래서 신뢰는 '얻는다'고도 하지만 '쌓는다'는 표현을 더 많이 사용한다. 신뢰는 거래의 핵심이다. 이 조건이 맞지 않으면 고객은 찰나에 외면한다. 신뢰의 핵심은 약속을 지키는 것이다. 고객과의 약속은 반드시 지켜라. 고객과 무엇을 약속할 것인지 지금 당장 적어보자.

알칼리 이온수만 사용하겠습니다.
매일 식재료를 구매하겠습니다.
한 번이라도 더 방문해주신 고객에게 더 열심을 다하겠습니다.

이런 약속을 정했으면 고객이 볼 수 있도록 벽, 테이블, 수저통, 물통 등에 적어놓고 약.속.을. 지.키.고. 있.다.는. 증.거.를. 꼭.
보.여.줘.라.

이것이 비즈니스 성패를 좌우하는 최고의 노하우다.

———————————————————— "아이고 맛있겠다. 침 고이네."

4. 흥미(興味)

[명사] 1. 흥을 느끼는 재미. 2. 어떤 대상에 마음이 끌린다는 감정을 수반
하는 관심.

흥미는 영어 interest의 의미로 많이 쓰이지만 여기에선 '興味', 즉
'맛을 이끈다'는 뜻으로 사용하고 싶다. 맛을 이끈다? 마음을 끌었으
면 이제는 양 볼에 침이 흐르게 만들어야 한다. 마음만 흔들어놓고
침샘을 자극하지 못하면 구매 목표가 흐려진다. 여러분이 혼신의 힘
을 다해 만든 그 작품의 맛을 고객이 뇌 속까지 끌어들이게 만들자.
자극을 주고 주의, 주목, 관심까지는 끌었는데 정작 본연의 의무인
맛을 느끼게 하지 못했다면 고객에 대한 예의가 아니다.

스치듯 보고, 언뜻 맡고, 눈 깜짝할 사이 정도밖에 노출되지 않았어
도 보는 순간 침샘을 자극하고 구매 욕구를 자극해야 진정한 흥미다.
모르는 이들은 '인스타그래머블'('인스타그램에 올릴 만한'이라는 의미)을

1 스포트라이트를 쏴라

폄훼한다. 왜 고객이 그리 반응할 수밖에 없는지 도통 이유를 모르나 보다. 《장사는 전략이다》에서 강조했던 내용을 다시 한번 보자.

인간은 칼로리가 높은 음식에 반응한다.
음식을 세우면 심장과 눈 그리고 뇌에 가까워진다.
당과 지방의 혼합물은 고객의 뇌 속 엔도르핀 분비를 돕는다.

흥미를 끌기 위해 디자인까지 더 신경 쓴다면? 그야말로 금상첨화다.

———————————————— "가만있어 보자, 평가는 괜찮나?"

5. 검색(檢索)

[명사] 1. 범죄나 사건을 밝히기 위한 단서나 증거를 찾기 위하여 살펴 조사함. 2. 목적에 따라 필요한 자료들을 책이나 컴퓨터에서 찾아내는 일.

이 정도쯤 되면 살짝 상기된 뇌가 지시한다.

"자, 얼른 네이버나 구글 검색창을 뒤져봐. 인스타그램하고 페이스북도 검색해보란 말이야."

"이렇게 섹시한 음식을 맛보지 못한다면 반드시 후회하고 말 거야."

"얼른 달려가서 정복해. 꼭 인증샷 찍고!"

"다른 사람들 다 몰려가서 먹고 있는데 넌 뭘 하는 거야. 밀릴 거야? 도태될 거야? 네 주위 지인들이 다 너를 지켜보고 있다고! 그러니 묻지도 따지지도 말고 검색하란 말이야!!"

그런데 검색을 하는 정말 근본적인 이유는 따로 있다.

—————————————————— **"꼼꼼하게 좀 들여다볼까?"**

6. 비교(比較)

[명사] 1. 둘 이상의 사물을 견주어 서로 간의 유사점, 차이점, 일반 법칙 따위를 고찰하는 일.

실컷 검색했는데 비슷한 메뉴가 또 있다. 그럼 고민된다. 본격적인 뇌 에너지 소모가 시작되는 것이다. 내가 자극 받고 관심을 가져서 검색한 녀석이 과연 최선의 선택일까? 후회하지 않을 선택일까? 끊임없이 의심하고 비교한다. 인간은 손해를 정말 싫어하기 때문이다. 지불하는 금액만큼, 아니 그 이상 돌려받을 수 있을지 알고 싶다. 그래서 전투적인 비교에 들어간다. 가격, 디자인, 성능, 만족감…. 비교 가능한 모든 장치들을 동원해서 분석한다.

고객은 이렇게 치열하게 구매행동에 뛰어드는데 우리는 너무 안이하다. 절대로 후회하지 않을 선택이라는 사실을, 그 어느 곳에서도 누릴 수 없는 혜택이라는 사실을 알리기 위해 미리 배치해놓아야 한다. 괜히 SNS 하라고 강조하는 게 아니다. 길목을 지키자는 의도다.

음식 맛 다 잡고, 서비스 매뉴얼 세팅하고, 스태프들 호흡이 잘 맞을 때까지 기다리면 버스는 지나간다. 외식업 매니지먼트 회사 대표 입장에서 말씀드리자면, "고객은 여러분이 겪는 시행착오, 문제를 해결하려는 의지, 고객을 행복하게 만들어주려는 노력, 그리고 진화하는 모습을 보고 싶어 한다."

그러니 비교에서 경쟁자들에 비해 우위에 설 수 있는 서슬 시퍼런 무기들을 준비하자. 5감은 끝난 지 이미 오래다. 고객의 솜털도 건드리지 못한다. 그들을 사로잡고 싶다면, 영원히 당신의 포로로 만들고 싶다면 21감을 건드려라.

─────────────────── **"이 집이면 점수 좀 따겠는데…."**

7. 호감(好感)

[명사] 좋게 여기는 감정.

여러분의 고객은 판단해야 할 정보가 너무 많다. 비교우위에 들지 못하면 가차 없이 뇌 속에서 지워버린다. 고깃집 하나를 선택해도 손해 볼까 봐 바들바들 떠는 이들은 샅샅이 뒤진다. 원육, 찌개, 쌈, 김치, 소금, 젓갈, 밥, 장, 술, 물… 여러 집을 비교하며 평점을 매긴다. 이 게임에서 이기면 고객은 여러분에게 집중적으로 호감을 갖는다.

호감은 신뢰의 어머니다. 10가지, 50가지, 100가지 매일매일 디테일해지자. 경쟁자들보다 모든 분야에서 1%씩 더 강해지자. 수백 번 강조해도 지나침이 없다. 디테일은 기술이나 전술이 아니다. 고객을 구매행동으로 이끄는 처음이자 마지막이다. 가만히 있어도 고객이 찾아와 줄 서는 집을 만들고 싶은가? 그럼 디테일에 집중하라.

—————————————— **"좋았어. 이번주 토요일, 결정!"**

8. 신뢰(信賴)

[명사] 굳게 믿고 의지함.

구매로 가기 위한 마지막 관문이다. 신뢰하지 않으면 절대로 사지 않는다. 호감을 가지는 걸로는 아직 부족하다. 믿을 수 있어야 당신한테 의지한다. 도저히 다른 곳에서는 느낄 수 없는 든든함. 그리하여 약하디 약한 여러분의 고객이 돈지갑을 들고 마구 달려오게 만드는 마지막 필살기가 신뢰다.

신뢰는 브랜드를 의미한다. 신뢰를 얻는 건 브랜딩 BRAND+ING하는 데 있어 가장 중요한 역할을 한다. 콘셉트, 스토리텔링, 주장, 철학,

1 스포트라이트를 쏴라

제품, 서비스에 신뢰가 생기면 팥으로 메주를 쏜다고 해도 믿어준다. 고객은 의외로 순진하다. 최고가 아니어도 좋다. 최고의 맛이 아니어도 좋다. 당신의 고객에게만큼은 최고인 것처럼, 최고의 맛인 것처럼 신뢰를 얻을 수 있으면 된다. 그렇다고 믿게 단서를 제공하고, 내뱉은 약속은 반드시 지키면 된다.

고객이 한 방에 떠나버리는 경우를 여러분도 잘 알고 있다. 한우만 쓴다고 약속했던 유명 노포에서 육우를 썼단다. 국내산 고춧가루로만 담는다는 김치에 중국산 고춧가루를 섞어 사용했단다. 분명히 자연산이라고 100번 우겼는데 알고 보니 양식이란다.

약속을 지키지 않으면 모두 떠난다. 고객도 직원도, 마지막에는 가족까지도 말이다.

———————— **"하하하, 평가가 좋은 이유가 있었구만!"**

9. 구매(購買)

[명사] 물건 따위를 사들임.

고객들은 구매의 순간, 특히 돈을 지불하는 순간에 어마어마하고 심각한 고통을 느낀다. 신용카드로 그 고통을 없앨 수 있다고 하지만 모르는 소리다. 지불한 금액 이상을 받거나 챙길 수 있어야 고통이 덜해진다. 보통 '본전 뽑는다'는 말을 쓴다. 그러니 뻥튀기든 소포장 깍두기든 지불하는 순간의 고통을 덜어줄 수 있는 장치를 마련할 필요가 있다. 정성껏 준비한 식사를 완벽하게 빛내기 위해서 말이다.

이렇게 했음에도 고객이 당신의 집을 반복적으로 찾아주지 않는다면 그 고객은 그리 큰 만족을 얻고 있지 못한 것이다. 경쟁자와 별다른 변별력이 없으니 가끔 온다. 씨익 웃는 그들의 미소 뒤에는 늘 계산기가 존재하고 있음을 잊지 말자.

———————— "이 행복은 기록해야 돼. '좋아요' 좀 나오겠는걸."

10. 공유(共有)

[명사] 두 사람 이상이 한 물건을 공동으로 소유함.

끝날 때까지 끝난 게 아니다.

소비는 과시다. 후회하지 않을 소비였다면 여러분의 매장에서 겪은 경험을 자랑하고 싶고, 알리고 싶고, 마구마구 퍼 나르고 싶어 안달이 난다. 이미 오너와 연결고리가 생긴 상태라면 홍보이사 역할도 주저하지 않는다. 왜? 다른 소비 주체에 비해 더 나은 선택을 하고 혜택을 돌려받은 나는 '보통의 사람들보다 소중하고 뛰어난 존재니까.' 반면 '서로 암묵적으로 체결한 계약'에 따라 지불 금액만큼 가치

1 스포트라이트를 쏴라

를 돌려받지 못했다면 그는 적으로 돌변한다. 그리고 분풀이할 장소를 찾아 씩씩대며 돌아다닌다. 어쩌다 게시판이라도 만나면 과격한 표현까지 써가며 여러분을 피곤하게 할 것이다.

포털 사이트 여기저기에 흔적을 남겨 여러분의 브랜드에 대한 구린 내가 진동하게 된다. 무시하면 안 된다. 정신 똑바로 차려야 한다. 소름 끼치는 이야기를 하나 해드릴까 한다. 4단계에서 호감을 얻은 예비 고객이 5단계 검색으로 넘어갔는데 온통 지뢰밭이다. 그러면 잠재 고객은 단념한다. 단념하는 데까지 걸리는 시간은 채 2초도 걸리지 않는다. 그러니 이제 완전히 생각이 바뀌셨길 바란다. 단순한 재료의 조합이 아니라 고객을 옴짝달싹 못하게 만드는 구매행동 유도 전략을 지금 짜지 않으면 앞으로 이어질 십수년간의 불경기에 침몰하고 익사할 것이다.

다시 한번 정리해보자.
- 자주 자극 주고,
- 돌아보지 않으려야 않을 수 없는 주의를 선사하고,
- 뇌에 새기고 싶은 주목을 만들고,
- 마음을 사로잡을 관심거리를 배치하고,
- 맛이 떠오르는 재미를 세팅하고,
- 당장 검색창에 여러분의 메뉴를 입력하고 싶게 유도하고,
- 마구 달려가 교환하고 싶은 구성을 짜고,

- 상상할 수 없는 디테일로 호감을 사고,

- 당신을 믿게 만들고,

- 대금을 지불하는 순간까지 안심시키고,

- 절대 후회하지 않을, 오히려 과시하고 싶은 가치를 만들자.

비즈니스의 답은 이 구매행동 이론에 다 들어 있다.

秘 ....

여러분의 업종에 따라 두어 단계 패스해도 좋다. 일단 적용해보고 딱 맞는 수트처럼 프로세스를 설정하자. 그런 다음에는 두말 없이 집중하고 실행에 옮기자.

1 스포트라이트를 쏴라

음식에 빛을 담아라

인간이 칼로리가 높은 음식 사진에 반응하는 건 본능 때문이다. 매일매일 권장 칼로리를 채우지 못하면 살이 빠진다. 다이어트가 목적이라면 상관없지만 생존이 목적이라면 물과 나트륨 다음으로 칼로리가 중요하다. 그래서 칼로리가 낮아 보이는 이미지보다 칼로리가 높은 사진과 동영상에 더 민감하게 반응하는 것이다.

인스타그램에 올라온 사진들의 공통점은 칼로리가 무지막지하게 높다는 데 있다. '단짠단짠.' 달고 짜고 어질어질한 음식이 대부분이다. 상당히 컬러풀하다. 모두가 입을 모아 '인스타그래머블'의 폐해를 지적하지만 본능을 거스르기는 어렵다. 헌데 마케팅 전문가들조차 콕 찍어내지 못하는 비밀은 따로 있다. 그건 높이와 빛이다. 바닥에 축 달라붙은 음식은 인스타그램뿐 아니라 어떤 SNS에서도 주목받지 못한다.

@광주 마루요시

마지막 한 방은 빛이다.
무슨 수를 써서라도 피사체에 빛을 담아내야 한다.
음식에 빛이 담기지 않으면 향도 맛도 느낄 수 없다.

1 스포트라이트를 쏴라

그 무엇이든 심장과 눈 그리고 뇌에 가까워져야 강한 자극을 만든다. 자극이 없으면 주의를 끌거나 주목받을 수 없다. 또 이 단계가 가슴을 움직이는 관심의 단계까지 오르지 못하면 구매행동으로 이어지지 않는다. 그래서 "세워라!" "높여라!" "칼로리를 보여줘라!" 목에 핏대가 서도록 강조하는 것이다.

그다음엔 마지막 한 방이 필요하다. 바로 빛, 라이트다. 빛이 없으면 입체감이 살지 않는다. 볼륨감이 떨어지면 가치도 떨어진다. 가치가 떨어지면 거래가 이루어질 수 없다. 그러니 무슨 수를 써서라도 피사체에 빛을 담아내야 한다. 여기서 피사체란 음식이다. 음식에 빛이 담기지 않으면 향도 맛도 느낄 수 없다. 그런데 600만 자영업 오너들의 사진 중 70~80%는 빛을 담고 있지 못하다.

물냉면 육수에 비친 빛

계란 프라이 노른자에 내린 빛

돼지갈비나 삼겹살에 반사된 빛

생선회 껍질이나 표면에 맺힌 빛

갈치와 고등어구이에 쏟아진 빛

꽃등심의 육즙에 섞인 빛

떡볶이 표면에 코팅된 빛

사진 찍는 게 일상이 되어버린 사람들조차 빛은 잘 모른다. 그 때문에 사진에 매가리가 없다. 풀이 죽어 있고 생동감은 도망간 지 오래다. 명암, 노출, 구도 다 중요하다. 하지만 비즈니스가 목적이라면 메뉴나 제품에 빛을 심어야 고객이 넘어온다.

온도, 향, 맛의 상관관계

이제는 꽤 많은 분들이 글자만 적어놓거나 맛없어 보이는 사진을 내놓지 않는다. 에너지가 넘치는 사진, 그것도 상당히 큰 사진을 붙이기 시작했다. 눈치 채기 어려운 변화지만 사실은 정말 위대한 변화다. 유학까지 다녀온 훌륭한 스태프들을 보유하고 있는 대기업조차 사진에 대한 이해가 많이 부족했었다. 그런데 동네에서 자영업하는 우리 식구들이 비주얼커뮤니케이션을 실전에 도입하기 시작했다. 실행에 옮긴 이미지나 업장을 만나면 엉덩이 춤이라도 추고 싶은 심정이다.

수업 때마다 늘 강조하는 사진이 있다. 겨울철 신메뉴로 개발한 요리 사진에 모락모락 피어오르는 김이나 연기가 없다. 심각한 문제를 넘어 그냥 넘기면 절대로 안 되는 생사가 달린 문제다. 온도를 체감할 수 없는 이미지는 고객을 내쫓는다. 아니, 아예 내 집에 발을 들여놓지 못하도록 으름장을 놓는 것과 다르지 않다. 여기서 연기나 김은 무

@깐깐한 족발

왼쪽과 오른쪽 어느 쪽 사진에서 향이 느껴지시는가?
온도는 향과 직결된다. 즉 음식의 온도를 보여주어야
고객이 향을 느낄 수 있다.

1 스포트라이트를 쏴라

엇을 의미하는 걸까? 그렇다. 바로 온도다. 이 세상 무엇보다 중요한 온도!

그런데 이미지에서 온도를 느낄 수 없다면? 그것도 음식 사진에서 온도를 느낄 수 없다면 뇌는 시큰둥해진다. 관심을 두지도 거래하려 들지도 않는다. 그럼 구매를 지시하지 않는다. 그래서 수업 시간마다 강조하는 것이 '제발 사진에서 온도를 보여주세요'다. 뜨끈뜨끈한 당면이 들어 있다면 그 장면에는 김이 모락모락 올라와야 마땅하다. 불고기, 갈비, 빈대떡 다 마찬가지다. 전골은 두말할 필요도 없다.

이유는 이렇다. 온도는 향과 직결된다. 즉 음식의 온도를 보여주어야 고객이 향을 느낄 수 있다. 38쪽에 실린 두 사진은 극명한 차이를 보여준다. 왼쪽과 오른쪽 어느 쪽 사진에서 향이 느껴지시는가? 수업 시간에 이 비교 사진을 보여주면 스마트폰을 꺼내느라 손이 바빠진다.

"오른쪽 사진에서 나는 향을 적어보세요."

대답이 이어진다.

"달달한 간장향, 고소한 향, 조림 향, 불향…."

그런데 다른 사진에서는 어떤 향이 나냐고 물어보면 입을 닫고 고개를 끄덕인다. 아마도 이 사실을 몰랐기에 여태 온도가 없는 사진을 쓰고 있었던 모양이다.

온도가 없으면 향이 없고, 향이 없으면 맛을 기대할 수 없다. 이런 게 '디 사인'$^{de+sign}$이고 콘셉트고 브랜딩이다. 남들과 선을 긋는 생각,

@에이샤

@대구 숨쉬는 순두부

고객들에게 적극적으로 보여주고 어필해서
그들이 지갑을 열게 만들자.
아무리 강조해도 지나침이 없다.
"온도가 없으면 향이 없고 향이 없으면 맛이 없다."

　　　　　　　　　　　　　　　　1 스포트라이트를 쏴라

그걸 드러내고 인정받아 잊지 못할 각인을 남기는 것.

생고기보다 익은 고기에 반응하도록 설계된 건 머릿속에 있는 제1의 뇌와 내장에 있는 제2의 뇌 때문이다. 내장에는 고양이 뇌세포와 맞먹는 1억 개 정도의 신경세포가 존재한다. 이 세포들은 생존을 위해 바삐 움직인다. 끊임없이 칼로리가 높은 음식들을 요구하는 것이다. 그래서 에너지가 떨어지기 시작하면 자동차의 그것처럼 신경질적인 반응을 보인다. '꼬르륵' 경고음을 울리는가 하면 '삐삐삐삐' 비상등을 켜고 성질을 내기도 한다. 배고픈 사람들이 짜증을 내는 이유가 여기에 있다. 잉꼬부부로 소문난 커플임에도 불구하고 종종 티격태격 다투는 건 배고픔, 즉 생존 본능 때문일 가능성이 높다. 시드니 대학교 보덴 연구소의 아만다 샐리스 박사는 이렇게 말한다.

"포도당이 부족해지면 우리 뇌는 생명의 위협을 느끼고 공황 상태로 이어진다. 이내 스트레스 호르몬 수치가 급격히 증가하며 공격적으로 변하게 된다."

식당에 들어오는 사람들 중 대부분은 배가 고픈 상태다. 그런 손님들이 환하게 웃으면서 들어오는 걸 본 적이 있으신가? 조금 있으면 위를 채울 수 있다는 위안 덕에 스리슬쩍 웃음을 보일 수는 있으나 대부분은 굶주린 맹수와 크게 다르지 않다. 테이블로 가져오는 음식의 순서가 옆 테이블과 바뀌는 날에는 경을 치게 된다. 그 정도로 예민해진 상태라는 거다.

인간은 최대 에너지를 제공하는 음식에 민감하게 반응하도록 진화해왔다. 당과 지방이 그 주인공이다. 그래서 당과 지방 함량이 높은 음식을 가려내는 능력 또한 뛰어나다. 척 보면 안다. 이런 이유로 강조했던 거다. 최대한 칼로리가 높은 사진을 보여주라고. 엔도르핀을 마구마구 생성해줄 수 있는 음식 사진은 음식을 입에 넣기도 전에 뇌에서 반응한다. 보는 것만으로 유혹에 빠지기 쉽다. 이런 반응을 유도하기 위해 가장 중요한 것이 바로 칼로리가 높은 사진과 온도가 느껴지는 사진이다.

매출을 올릴 수 있는 노하우는 생각보다 가까운 곳에 있다. 내 음식을 다시 한번 해체하고 조립하고 분석해보자. 만약 칼로리를 적극적으로 보여줄 수 있는 식재료와 조리법이 있다면 감추지 말자. 시쳇말로 '아끼다 똥 된다.'

고객들에게 적극적으로 보여주고 어필해서 그들이 지갑을 열게 만들자. 아무리 강조해도 지나침이 없다. 한 번 더 강조한다.

"온도가 없으면 향이 없고 향이 없으면 맛이 없다."

향은 70점, 맛은 30점

"냄새를 맡는 것만으로 살이 찐다."

냄새·후각에 관한 버클리 대학의 실험은 소름을 돋게 한다.

오우 마이 갓! 그래서 여태껏 다이어트가 소용없었던 게야. 나와 비슷한 반응을 보이는 분들이 많으실 거라 생각된다. 과학자들은 쥐를 이용했다. 후각을 아예 없애버리거나 증폭시키는 방법으로 실험을 진행했다. 양쪽 모두 같은 양의 음식을 섭취했지만, 두 마리 쥐에 나타난 몸의 변화는 완전히 달랐다. 후각을 잃은 쥐는 마른 체형을 유지한 반면, 후각이 증폭된 쥐는 몇 배 이상 체중이 불어났다. 같은 양의 음식을 섭취해도 이렇게 다른 결과가 발생한 이유는 도대체 무엇일까?

실험에 참여한 전 버클리 대학 박사이자 현 로스앤젤레스 세다스-사이나이 병원 연구원인 셀린 리에라 박사는 "감각기관은 신진대사에 큰 영향을 미친다. 체중 증가는 얼마만큼의 칼로리를 섭취했느냐의 문제가 아니라 우리 몸이 섭취한 칼로리를 어떻게 인식하느냐 또한 중요하다."라고 밝혔다.

쉽게 말하자면 같은 양의 음식을 먹어도 냄새를 맡지 못하면 우리 몸에서 '저장해야 될 영양분'이 아니라고 판단하기 때문에 살로 가지 않는 반면, 음식의 냄새를 맡으면 이를 '간직해야 할 영양분'으로 인식해서 살이 찐다는 말이다.

곰곰이 생각해보니 충분히 일리 있는 이야기다. 배가 고프면 불렀을 때보다 냄새에 민감해진다. 저 향을 풍기는 음식은 간직해야 할 영양분이라고 판단하기 때문이다. 배가 심하게 부른 경우, 향에 둔감해지는 건 (아예 외면하는 경우도 많다.) 더 이상 저장하지 않아도 되는 영양분이기 때문이리라. 이건 아주 중대한 발견이다.

향, 맛, 가치를 연결하는 고리를 하나 만들면 큰 도움이 된다. 위의 연구를 한번 비틀어보자. 돈을 지불하고 먹는 음식에 냄새가 없으면 저장해야 될 영양분으로 인식하지 못한다는 소리다. 에너지를 충전하려고 먹는 음식을 내장에서 그리고 뇌에서 저장할 가치가 없다고 판단한다면…. 먹으나 마나 아닌가? 이건 많이 심각한 거다.

돈과 에너지를 교환하는 데 만족을 못한다? 그렇다면 다시 구매해야 할 이유가 없다. 오호라! 그럼 우리 몸이 소중히 간직해야 할 영양분으로 인식하게 만들려면 냄새에 집중하면 되겠군!

갓 지은 밥 냄새도 풍기고, 반찬의 들기름, 참기름 향도 더 살려주

1 스포트라이트를 쏴라

고, 김치나 된장찌개도 그냥 데울 게 아니라 어떻게 하면 더 침샘을 자극 할 수 있을지 서큘레이터라도 틀어놓고, 물도 그냥 흔한 물로 주지 말고 향이 살아나는 둥굴레 차나 숭늉으로 준비하고….

할 일이 많다. 냄새가 이리 중요한 역할을 한다니, 놀랍고 또 놀라울 따름이다.

다시 한번 강조하지만 향을 못 잡으면 고객도 잡을 수 없다. 맛이 없으면 가게는 망한다. 맛은 그냥 '미味'가 아니다. '향미香味'라고 적어야 맞다. 향을 빼놓고는 맛을 정확히 이해한 것이 아니기 때문이다.

코를 막고 음식을 먹으면 사과즙과 양파즙을 구별할 수 없다는 정도는 누구나 아는 내용이다. 음식 맛을 느끼는 데 혀가 차지하는 비율은 고작 30%이고 나머지 70%는 후각을 통해 결정된다. 다시 말해 우리가 맛있다고 느끼는 건 대부분 후각이 판단한다.

그러니 아무것도 모른 채 그저 열심히 음식을 만들면 30점, 향까지 고려해서 요리를 만들어야 100점에 다다른다. 감기몸살에 걸렸을 때를 떠올려보면 쉽다. 코맹맹이 상태로는 입에 들어오는 모든 것들이 모래알처럼 느껴진다. 그저 식재료의 질감만 감지하는 정도다. 그래서 감히 제안하고 싶다.

1. 향을 느끼게 하자.
2. 주방에서 향을 끌어내자.

3. 간판, 상호, 인테리어, 테이블, 주전자, 젓가락, 테이블, 물티슈
   등에 향을 입히자.

그러고 보니 수십 년째 인기를 끌고 있는 집들은 거개가 잊지 못할
향을 가지고 있다. 하동관, 우래옥, 서서갈비, 양미옥, 영춘옥, 청진
옥, 조선옥, 명동돈까스, 역전회관, 어머니대성집, 신발원, 태조감자
국…. 상호를 읽는 것만으로도 향이 스멀스멀 피어오른다. 느껴지시
는가? 이게 바로 향의 힘이다.

미녀는 목살을 좋아해

내 수업을 들은 분들 중에 유난히 기억에 남는 분이 있다. 고깃집 오
너들이 많은 기수였다. 다들 '제주', '숙성' 등을 내세우며 차별화 전략
을 구사하는데 이 양반은 달랐다. 주력이 목살이라고 했다. 왜 목살
을 주무기로 삼았냐고 물으니 목살이 훨씬 더 맛있단다. 센 불에 초
벌하고 연탄불 석쇠에서 구워 먹으면 육즙이 예술이라며 엄지를 두
개나 치켜든다. 오호라~! 타깃 오디언스와 그룹핑 그리고 비자발적
음악 이미지까지 동원한다면 재미 좀 보겠는데….

질문을 이어갔다.

"타깃 오디언스는 어때요?"

"젊고 예쁜 여성분들이 많이 왔으면 좋겠어요."

됐어. 걸렸어. 충분해.

다른 수강생들처럼 선물을 하나 드렸다.

"미녀는 목살을 좋아해~"

수업 시간인데도 여기 저기 난리다. 누가 먼저랄 것도 없이 흥얼거리기 시작했다. 그냥 내뱉는다고 아이디어가 아니다. 이것저것 주워다가 짜 맞춘다고 작품이 되지 않는다. 왜 전 세계 유명 브랜드들에서 적게는 수억 원, 많게는 수백억 원씩 들여 카피라이터를 고용하겠는가? 최대 다수가 최단 시간에 자극받고 반응하며 그 내용이 뇌에서 절대 사라지지 않게 하려는 의도다. 이렇듯 콘셉트를 한 방에 보여주고 설득해서 내 팬으로 만들려면 등식을 만들어야 한다.

만약 타깃 오디언스가 젊고 예쁜 여성 고객이라면 키워드를 하나 끌어내야 한다. 그리고 온갖 에너지를 동원해 뇌를 스캔하고 리듬을 꺼내오자. 대상 고객과 딱 들어맞는 유행가라도 찾으면 초대박을 만들 수 있다.

여성 고객 = 미녀(미인)

"한 번 보고 두 번 보고 자꾸만 보고 싶네~" 어떤가? 단어와 문장뿐인데도 지금 여러분의 뇌 속에서 리듬과 박자가 꿈틀대는 게 느껴지시는가? 속세와 등지고 반백 년 정도 자연인으로 사신 분이 아니라면 당연한 결과다. 긴 머리에 기타를 치며 마이크를 잡는 신중현 선생이나 아리따운 여배우 한 명이 떠오를 게다. 유명 치킨 브랜드에서 괜히 비싼 돈 주고 서현진 같은 모델을 내세우는 게 아니다. 게다

1 스포트라이트를 쏴라

가 그리 아름다운 여성이 닭다리를 들고 뜯으며 신나게 노래를 부르지 않는가!

'한 번 뜯고 두 번 뜯고 자꾸만 뜯고 싶네~'

이게 소위 말하는 국가대표급 프로페셔널들의 비밀 무기다.

글자로 이미지와 음악을 연상 시키는 노하우! 이거 1,000만 원짜리다. 자, 다시 미녀로 돌아가자. 뭘 팔고 싶다고? 그렇지 목살.

미녀와 목살. 어쩐지 함께 있으면 안 될 것 같은 단어의 조합인데 접착제 역할을 하는 비자발적 음악 이미지를 동원하면 찰떡같은 궁합으로 변한다. 여러분은 하얀 슈트에 피아노를 치며 뭇 여성들의 마음을 도려냈던 이준기를 기억하는가? 그가 부른 노래가 바로….

'미녀는 석류를 좋아해~'

미녀 + 목살 + 좋아해… 초벌과 연탄 재벌구이는 그저 도울 뿐 앞설 이유가 없다. 이렇게 탄생한 카피가 바로 '미녀는 목살을 좋아해'다. 오너는 크게 만족했고 칼로리가 높은 고기 사진 위에 큼직하게 이 글을 넣어 건물 전체를 뒤덮을 만큼 커다란 현수막을 붙였다.

결과는? 따라 부르든 흥얼거리든 무의식적으로 흔들리든 고객, 특히 미녀들의 마음을 사로잡았다. 그럼 미녀가 아닌 사람은 입장 불가냐고? 이걸 난 그룹핑이라고 부른다. 세상에서 제일 효과적인 마케팅 노하우는 그룹을 나누는 것이다.

그래서 나누었다. 미녀는 목살을 좋아한다고. 절대로 미녀만 목살을 좋아한다고 쓰지 않았다. 목살을 먹어서 미녀가 된다고도 하지 않았다. 난 그저 긍정적인 이미지, 정확히는 단어 두 개를 사전 속에서 끄집어내 연결했을 뿐이다. 또 그리 되도록 아주 강력한 단정을 내렸다. 주어가 목적어를 좋아한다고.

본인이 미녀라고 생각하는 사람은 기분 좋은 상태로 목살을 먹을 테고 혹시나 미녀이기엔 2% 정도 부족하다고 생각하는 분들은 '열심히 먹어서 미녀가 되어야지'라고 생각할 수도 있다.

'미인'을 '미남'으로, '목살'을 '갈비'나 '족발'로, '좋아해'를 '사랑해'나 '그리워해'로 바꿔도 아무 지장이 없다. 단, 한 번 들으면 뇌리에 꽂힐 만한 훌륭한 카피와 비자발적 음악 이미지를 찾아내야 당신의 무대에서 스포트라이트와 박수를 받을 수 있다.

손이 가요 손이 가 OOO에 손이 가~
열두 시에 만나요 OOOO~ 둘이서 만나요 OOOO~

돈 많이 버는 사업가라면 광고회사와 상의하면 된다. 하지만 가족 입에 풀칠할 정도 규모의 자영업자라면 이 천재들에게 늘 감사하며 고민하고 분석하고 열심히 찾아서 여러분만의 비자발적 음악 이미지를 만드시는 건 어떠실지….

효과음의 위력

몇 가지 질문에서 출발했다.

"왜 대한민국의 자영업 오너들은 음식 소리를 중요하게 여기지 않을까?"

"눈으로 먹는다는 말은 20년 전 이야기인데… 어떤 소리를 만들어야 고객이 오래도록 기억할까?"

"음식을 만들거나 먹는데 오디오를 없애면 어떤 결과가 나올까?

마지막 질문은 금방 확인이 가능하다. TV 전원을 켜고 채널을 돌리다 보면 먹방과 쿡방을 어렵지 않게 만날 수 있다. 시험 삼아 '음소거' 버튼을 눌러보자. 여태껏 경험해온 쿡방, 먹방과는 비교할 수 없을 정도로 재미가 떨어진다. 양 볼에 침이 고이거나 턱 안쪽이 뻐근해지는 강도가 10분의 1로 줄어들 것이다.

치지직, 또각또각, 좌르르, 후루룩 후루룩, 쩝쩝, 쪽쪽, 흐으읍….

이 중에는 고통스러운 소리도 있다. 동행인이 음식을 입으로 넘기면서 심하게 쩝쩝대면 이맛살을 찌푸린다. 심지어 입맛이 싹 달아난다는 이들도 많다. 하지만 그 소리를 만들어내고 울림을 직접 느끼는 사람의 행복감은 이루 말할 수 없다.

소리를 내지 않는 사람에 비해 음식을 몇 배는 더 즐기고 있다는 사실을 표정과 젓가락질만 봐도 짐작할 수 있다. 이렇게 남에게 피해를 주는 방식 말고 고객이 스스로 음식을 먹는 소리에 반할 수 있게 만드는 방법이 있다. 소리를 극대화하는 거다. 테이블 위의 조명을 잘만 활용하면 기가 막힌 효과와 반응을 볼 수 있다. 바로 갓이다. 갓 중에서도 울림통의 역할을 하는 스테인리스나 알루미늄 그리고 플라스틱, 나무 등의 재질은 음식을 먹으면서 내는 소리를 증폭시켜 만족도를 훨씬 더 올려준다.

단, 한 가지 주의할 점은 내 집 음식과 어울리는 조명을 써야 효과를 볼 수 있다는 것이다. 차가운 음식에 따뜻한 조명을 쓰거나 뜨거운 음식에 차가운 조명을 쓰면 안 하느니만 못하다.

당장이라도 테스트해보고 싶다면 테이블 위에 음식을 올리고 조리하면서 비닐우산을 한번 써보시라. 10초면 확인이 가능하다. 단 소리를 흡수하는 소재는 금물이다. 고기가 익는 소리, 찌개가 끓는 소리, 그 어떤 소리건 반사와 증폭을 통해 귀를 간질인다. 배가된 효과음은 더 강렬한 자극을 심어 만족도가 높아진다.

1 스포트라이트를 쏴라

요리와 소리에 관해서는 세계 최고라고 인정받는 '울트라 바이올렛'의 천재 요리사 폴 페레는 상하이 업장을 아예 스튜디오로 만들었다. 세계적인 레스토랑 가이드 미쉐린에서 별을 3개나 받은 자타공인 탑 오브 탑이다.

22가지 코스로 구성된 그의 만찬은 당황스러울 정도다. 음식이 나올 때마다 식사하는 공간의 벽을 이루고 있는 모니터에 영상이 뜬다. 채소와 고기가 아주 커다랗게 등장하는가 하면 들과 숲 그리고 바다에서 바람과 물결이 일렁인다. 스튜디오라고 불리는 룸의 조종실에서는 오디오와 향기까지 통제한다. 해산물 순서가 되면 바다 내음과 함께 철썩거리는 파도소리가 공간을 채운다. 이미 무의식 속에 채워놓은 메모리들을 하나하나 불러내서 맛에 생동감을 더하고 공간에 소리 양념을 뿌려댄다.^{QR}

다시 우리의 현실로 돌아오자면….

소리의 증폭을 만들어내기 위해 천장까지 이런 재질로 덮어버리면 멀미가 날지도 모르니 천장엔 흡음재를 발라 증폭시켜야 할 소리와 그렇지 않은 것의 경계를 둘 필요가 있다. 다른 차원에서의 접근도 가능하다. 경쟁자들과는 다른 사인과 자극을 줄 수 있어야 차별이

22가지 코스로 구성된 상하이 '울트라 바이올렛'의 만찬은
《뉴욕타임스》에서도 심도 있게 다루었다.

다. 여러분은 지금 어떤 휴대폰 연결음을 쓰고 계시는가? 아이돌의 댄스음악이나 김연자의 '아모르파티'? 아니면 편안하게 들을 수 있도록 편곡한 클래식 음악?

근사한 음악을 쓰는 이유는 하나다. 상대방에게 호감을 사기 위함이다. 나같이 무감각한 사람이라면 모를까 다른 이들과 구별되고 싶고, 도드라지고 싶고, 그래서 상대방에게 좀 더 편안한 마음을 주고 싶기에 이런 장치를 도입하는 거다. 어쨌든 여러분은 이미 상징을 만든 셈이다. 여러분이 만약 비즈니스를 하고 계신 분들이라면 이런 제안을 드리고 싶다.

여러분 브랜드와 메뉴를 적극적으로 대표할 수 있는 가장 도드라지는 오디오를 도입하는 건 어떨까?

뚝딱뚝딱, 뽀글뽀글, 칙칙…!

누군가 여러분이나 여러분 매장에 전화를 걸었을 때 병뚜껑을 따는 소리, 맥주를 따르는 소리 혹은 얼음 잔에 콜라 따르는 소리, 국수를 후루룩후루룩 먹는 소리가 통화 연결음으로 나온다면 대한민국 최강이 될 것이다. 똑같은 목소리로 안내하는 성우 목소리로는 일식집인지 분식집인지 치킨집인지 구별하기 어렵다. 남들과 구별되지 않는다면 그걸로 아웃이다.

전화 연결음만이 아니다. 매장 밖으로 스피커를 설치하고 여러분

1 스포트라이트를 쏴라

의 음식을 연상시키는 음악 이미지를 틀어놓는다면 굉장한 자극이 될 것이다. 자극은 다양하게 그리고 깊게 박힐수록 오래간다. 시각은 물론 후각, 청각까지 어우러져야 완성이다. 그러니 마음에 새기자. 소리가 맛을 만든다. 인간의 감각과 충동을 자극하면 고객의 구매행동은 바뀐다. 만약 딱 그 시점에서 필요한 소리(간식이 필요한 4시에 라면 끓는 소리, 야근하는데 들리는 치킨 튀기는 소리)였다면 모세혈관과 온몸의 감각들이 자극을 받고 상상할 수 없을 정도로 강력한 연상 작용을 일으킨다. 고꾸라지고 있는 매장에 당장이라도 뭔가 하고 싶다면 업장 밖으로 스피커를 달고 음식 소리를 틀어놓자. 책임은 내가 진다.

내 가게에 맞는 음원 찾기 ————————

우선 유튜브에서 'ASMR'을 검색하면 된다. 앞에 수식어를 붙여보자. '고기 굽는', '찌개 끓이는', '기름에 튀기는', '도마에서 재료 자르는', '철판에 지지는', '채소 과일 씻는' 등 필요한 단어나 문장을 붙이면 근사하게 녹음된 파일들이 수도 없이 등장한다. 일단 한번 들어보고 내 집 스타일로 직접 녹음을 해서 USB에 담은 뒤 하루 종일 플레이하면 된다. 24시간 충실하게 '집객' 행위를 해주는 근면 성실한 직원을 둔 효과를 보게 될 것이다.

도전의식을 자극하는 비주얼

2년 가까이 출연했던 KBS 〈생생 정보통〉의 인기 코너 '가격파괴 WHY'에는 기상천외한 식당들이 많이 등장한다. 가격적 차별화로 대박 난 집들이 등장하면 시청자들은 숨을 죽이고 메모하느라 여념이 없다. 이 코너의 장수 비결이다. 그 덕에 방송에 노출된 집들은 매출이 작게는 2~3배에서 많게는 10배 가까이 뛰어오른다. 소개한 집들 중 가장 기억에 남는 몇 집을 꼽자면….

1,900원 짜장면, 9,000원 한우곱창 모둠, 5,000원 두부전골, 22찬 바지락 칼국수….

신기한 메뉴들을 만나면 뇌가 즉시 반응한다. 또 가슴이 뛴다. TV 맛집이라고 소문 나면 금세 줄을 서지만 그 기간이 1개월을 넘지 못한다. 배신감 때문이다. 방송을 보고 일부러 먼 곳까지 찾아가 줄을 섰는데… 그런데… 맛이 기대에 미치지 못하면 결국 분노하고 안티가 된다. 직접 들어간 소요비용(교통비+식대)에 기회비용, 여기에 높은 기대치까지 한몫을 하기에 만족감이 더 떨어지는 것이다.

이런 면에서 가격파괴 식당은 상대적으로 자유롭다. 착하고 겸손한 가격이 고객의 분노를 억누르는 모양이다. 그리고 생명력이 긴 가격파괴 식당에는 재미와 묘한 중독도 있다.

여러분은 혹시 괴물 짜장면이라는 녀석을 만나 본 적이 있으신가? 없다면 한 번쯤 도전해보시길 바란다. 세숫대야만 한 접시에 면과 짜장이 그득 담겨 나온다. 서버가 접시를 들고 테이블로 다가오면 누가 먼저랄 것도 없이 탄성을 지르고 스마트폰으로 손이 간다. 한참 동안 셔터를 누르느라 정신이 없다. 가격은 15,000원. 양은 일반적인 짜장면 5인분에 해당한다.^{QR}

원래 이 식당의 짜장면은 5,000원. 그런데 5인분의 괴물을 시키면 1인분에 3,000원 꼴이 된다. 생각지도 못한 함정에 걸려드는 것이다. 셋은 당연하고 둘만 돼도 젊은 청춘들은 주문의 유혹에 빠진다. 한 가지 더 재미있는 사실은 20분 안에 혼자서 이 많은 양을 다 해치우면 공짜다. 일본 라멘집에서는 많이 시도했던 이벤트 툴이지만 짜장면 집에서는 드물다.

고객이 도전하고 싶어 하고, 업주가 부탁하지 않았는데도 알아서

홍대 괴물 짜장면.
세숫대야만 한 접시에 담긴 짜장면을 보고 있으면
누가 먼저랄 것도 없이 스마트폰을 꺼내 든다.

@평원 숯불갈비

소비는 과시라는 말도 다 정복욕에서 출발한다.
1kg 갈비? 7인분 칼국수? 5m 짜장면?
당신의 메뉴를 정복하게 만들자.

사진을 찍어 SNS에 올리고, 먹으면서 까르르대고, 운이 좋으면 돈을 지불할 필요도 없는…. 자, 여러분은 과연 어떤 걸 무기로 고객의 도전의식에 불을 지르시겠습니까?

1kg 갈비? 7인분 칼국수? 5m 짜장면?

한 번쯤 덤벼보고 싶게 만드는 메뉴를 만들면 두 가지 효과를 볼 수 있다. 도전의식 그리고 정복욕. 인간의 가장 강력한 욕구는 식욕, 성욕, 그리고 정복욕이다. 자, 당신의 메뉴를 정복하게 만들자. 그도 오고 그녀도 오고 정복하고 과시하고 싶은 사람들이 모두 오게 만들자. 소비는 과시라는 말도 다 정복욕에서 출발한다.

왜 많은 사람들이 맛있고 의미 있는 식당을 발견하면 "내가 발굴한"이라는 수식어를 붙이는 줄 아시는가? 남들이 모르는 미지의 공간과 음식을 찾아내고 정복한 그 기쁨을 '발굴'이라는 단어로 대신하는 것이다. 그러니 언제든 정복하고자 하는 이들에게 도전받을 준비를 하자. 1년 365일 말이다.

50만 원 투자로 매출이 1.5배

판매 사이트마다 다르지만 요새 50인치 TV는 대략 40만 원 정도면 산다. 이 녀석을 테이블 위에 올려 업장 밖으로 향하게 하면 더 이상 비용 들일 일이 없다. 만약 매장 쇼윈도 앞에 당당히, 폼 나게 걸고 싶다면 천장에서부터 고정해주는 브래킷이 필요하다. 다 합쳐도 50만 원 정도면 충분하다.

자, 그럼 이 TV를 가지고 무엇을 할 것인가? 우리 집 음식과 관련된 영상을 모두 찍어서 올리기로 하자. 상추를 씻고, 겉절이를 무치고, 전을 부치고, 고기를 굽고, 찌개를 끓이고, 닭을 튀기고, 국수를 삶고, 나물을 볶고, 생선을 굽고….

고객의 뇌리에 깊숙이 남기고 싶은 주장이나 철학이 있다면 그것 또한 카메라에 담자. 강연 중 종종 강릉 테라로사의 유튜브 영상QR을 틀어준다. 지프를 타고 아프리카 대륙을 누빈다. 커피 산지를 찾아

1 스포트라이트를 쏴라

원두를 채취하고 세척해서 로스팅하는 모든 과정을 그림으로 만들었다. 신나는 아프리카 민속 음악이 BGM을 담당한다. 보고 있는 동안 드는 생각은 이렇다.

1. 테라로사는 직접 현지에 가는 모양이군.
2. 생산자 얼굴이 다들 밝다.
3. 왠지 저 커피를 마시면 나도 기분이 좋아질 것 같아.
4. 테라로사를 이길 브랜드는 많지 않겠는데….

나뿐만 아니라 대부분의 시청자들이 이런 생각을 할 것이다. SNS도 좋지만 직접적으로 큰 효과를 볼 수 있는 곳은 로드샵이다. 문 앞에 떡 버티고 선 커다란 모니터에서 지글지글, 치이이이익, 바글바글, 톡톡톡톡….

고객의 반응을 끌어내고 싶다면 묻지도 따지지도 말고 자극을 줘라. 배고픈 고객들에게 이만한 고문은 없을 테니. 장담한다. 모니터 설치하고 영상 찍어서 걸었는데 매출이 오르지 않는다면 책값을 환불해드릴 생각도 있다. 그 정도로 강력한 무기다.

비주얼커뮤니케이션은 말이 아니라 이미지나 동영상으로 고객의

테라로사는 커피 산지를 찾아 아프리카 대륙을 누비고
로스팅하는 과정까지 낱낱이 보여준다.
비주얼 커뮤니케이션의 훌륭한 예다.

행동을 조종하는 걸 말한다. 그러니 좀 상스럽게 표현하자면 이만한 삐끼는 찾아보기 어렵다. 1년 365일. 추워도, 더워도, 비가 내리고, 눈발이 흩날려도 불평불만이 없다. 24시간을 세워놔도 박카스 한 병 요구하지 않는다. 망설이는 오너들 중 상당수는 취객 걱정이다.

"술 취한 진상 고객이 주먹이라도 휘두르는 날에는 보상도 못 받잖아요."

천년만년 쓸 게 아니다. 그저 소모품쯤으로 생각하자. 눈비 맞으며 딱 1년만 써도 좋다. 아니, 애초 그런 작전으로 시작하는 게 마음 편하다. 50만 원을 365일로 나눠보니 1,370원쯤 된다. 하루 1,370원은 전단지 아르바이트도 고용할 수 없는 적은 돈이다. 그런데 효과는 200점이다.

대전 오백돈 권순우 대표의 말을 빌리자면 영상을 본 행인들이 무언가에 취한 듯 가게로 빨려 들어온다고 한다. 좋다. 아직도 용기가 생기지 않는다면 이렇게 생각해보자. 하루에 한 테이블만 더 들어와도 본전은 뽑는 거다. 단, 예외 조항이 있다. 현재 웨이팅이 1시간씩 걸리고, 하루에 20회전 정도 손님을 받고 세금 낼 때마다 억 소리가 난다면 안 하서도 좋다. 아니, 안 해주셨으면 좋겠다.

그건 그렇고 동영상은 어떻게 찍는 게 좋을까? 가장 좋은 교과서는 '배달의민족' 광고다. 그 짧은 시간 동안 그렇게 많은 이야기를 강력하게 다룬 CF는 처음이었다.^{QR}

1 스포트라이트를 쏴라

오늘은 치킨이 땡긴다.

오늘은 찌개가 땡긴다.

오늘은 족발이 땡긴다.

오늘은 떡볶이가 땡긴다.

여러분이 핸드백이나 주머니에 푹 찔러 넣고 다니는 스마트폰은 전 세계 디지털 카메라와 핸디캠 시장을 무너뜨린 괴물이다. 그만큼 성능이 뛰어나다는 소리다. 그러니 망설이지 말고 매장의 주인공을 모셔다 꼼꼼하게 기록하자.

편집을 모르겠으면 그냥 한 장면에 한 컷(one scene, one cut)으로 가면 된다. 이때 카메라는 움직이지 않아야 한다. 대신 빈대떡이나 국수, 치킨, 족발 등 피사체를 움직이게 하자. 영상이 훨씬 더 살아 숨 쉬게 된다. 여러분이 정성껏 준비한 음식을 직접 촬영하고 USB로 옮겨 TV 모니터에 직접 찔러 넣어 보면 알게 될 것이다. 이게 얼마나 강력한 무기인지.

배달의민족 광고는 짧은 시간 안에
강력한 메시지를 전달하는 효과적인 방법을 보여준다.

빨간맛보다 무서운 맛, '아는 맛'

"아프냐? 나도 아프다."

즐겨 보는 드라마에서 여주인공이 다치면 보는 사람 가슴도 미어진다. 국가대항전 축구에서 우리 선수가 골을 넣으면 자리에서 벌떡 일어나고 상대팀이 골을 넣으면 육두문자가 튀어나온다. 오락 프로그램에서 연예인이 번지점프를 하면 내 오금이 저리고 내리막길을 엄청난 속도로 달리는 산악자전거를 보면 손에서 땀이 난다. 우리의 뇌 속에 거울이 있기 때문이다.

거울뉴런이라고 불리는 이 신경세포는 이탈리아의 신경심리학자 리촐라티 교수에 의해 처음 발표되었다. 실험에는 원숭이가 동원됐다. 다른 원숭이나 사람의 행동을 보는 것만으로 자신이 움직일 때처럼 반응하는 뉴런이 있다는 것이다. 맛있는 녀석들에서 김준현 씨나 문세윤 씨가 갈비를 뜯는데 우리가 군침을 흘리는 것도 다 거울뉴런 때문이다. 벌어지고 있는 일들이 거울처럼 투영되어 우리의 무의식을 자극한다.

바로 '공감 본능' 때문인데 미래학자 리프킨은 이런 인간의 특성을 호모 엠파티쿠스Homo Emphaticus라고 표현했다. 재미난 것은 그 행동이나 피사체 등이 이제껏 경험해보지 않은 것이면 반응하지 않는다는 사실이다. 최소한 직간접적으로 경험해본 것이어야만 반응이 일어난다. 내가 일주일에 한 번 정도 페이스북에 먹방을 올리는 것도 다 이런 이유에서다. 짜장면을 후루룩 쩝쩝 입에 욱여넣고, 복어 튀김을 호호 불어가며 깨물고, 커다란 상추 위에 꼼장어와 제육 그리고 닭똥집을 쌓아올린 뒤 입으로 밀어 넣는다.

스마트폰의 카메라 렌즈를 향해 먹는 모습을 보이지만 내심 이 영상을 바라보는 시청자들의 뇌 속에 자리 잡은 거울을 보며 먹방을 진행하는 것이다. 속삭이고 싶어서.

'맛칼럼니스트는 이런 곳에서 요런 방법으로 먹어요.'

10초 정도밖에 안 되는 아주 짧은 영상이지만 반응은 뜨겁다.

"침이 줄줄 나와요."

"이번 주에 먹고 말겠습니다."

"너무 심한 거 아닙니까? 이 심야에…?"

서론이 길었다. 그래 거울뉴런이 뭔지는 알겠는데 도대체 이걸 어디다 활용해야 한단 말인가?

지난 3~4년 동안 너도나도 SNS 이벤트를 진행했다.

'페이스북이나 인스타그램에 저희 메뉴 사진을 올려주시면 음료수를 서비스합니다.' 혹은 '1,000원 할인해드립니다.'

홍보 마케팅 차원에서 진행한 이 이벤트도 처음에는 신선하고 충격적인 아이디어였다. 하지만 안 하는 게 이상할 정도로 전부 뛰어들다 보니 이제는 차별적 요소도 아니고 있으나 마나 한 장치로 전락했다. 나만 가지고 있어야 무기지 경쟁자도 가지고 있으면 무기가 아니다.

자, 그럼 한 단계 더 진화해볼까? 사진 이미지 1장으로는 부족하다. 여러분이 매일 접하는 텔레비전이나 영화 등의 동영상은 1초에 30장이나 24장의 스틸 이미지로 구축된다. 당연히 1장의 사진보다는 30~40장의 사진이 고객의 뇌에 더 오래 기억된다. 거울뉴런을 자극하기 위해 동영상을 올리라고 강조하는 이유다. 그러니 이제 단순한 음식 사진이 아니라 고객에게 먹방을 부탁하자.

짜장면을 먹든 만두를 먹든 떡볶이를 먹든 상관없다. 고객이 아는 맛일수록 더 강렬하고 견디기 힘들다. 온라인이든 오프라인이든 누군가가 먹는 모습을 보는 것만으로도 시청자의 뇌는 심한 자극을 받는다. 이래서 아는 맛이 무섭다는 것이다.

모르는 맛은 이야기가 다르다. 식초에 절인 청어라고? 이끼를 태워 구운 연어? 불가사리 튀김? 먹어보지 않은 음식에 대해서는 뇌 속의 거울이 작동은 하지만 흥미나 재미, 감흥을 일으킬 만큼 공감이 크지 않다. 만약 여러분의 음식이 이런 희귀템이 아니라 누구나 상상할 수 있는 음식이고 맛이라면 지금 당장 먹방을 찍고, 또 고객에게도 부탁하자. 그래야 고객이 메모장에 당신의 브랜드를 입력하고, 내비게이션을 켜고, 지인에게 같이 가자고 연락할 것이다.

이제 눈치 채셨는가? 공중파 종편 케이블 방송국들이 물불 안 가리고 먹방과 쿡방을 만드는 이유를? 정보 프로그램, 여행 프로그램, 심지어 연애 프로그램에서도 먹방을 꼭 집어넣는다. 전문가들은 이 영상들이 시청자의 거울뉴런을 자극한다는 사실을 아주 잘 안다. 그리하여 적재적소에 침샘을 자극할 만한 먹는 모습을 집어넣는 것이다.

수업 시간에 거울뉴런 이야기를 꺼내면 볼펜을 손에 꼭 쥐고 교재가 두세 페이지 눌릴 정도로 꾹꾹 눌러쓴다. 이제껏 본인들의 음식을 맛보지 못한 예비 고객, 잠재 고객들의 거울을 건드리기 위함이 아닐까 생각된다. 내 브랜드에 적용할 수 있는 아주 기가 막힌 방법이 있다. 일식 튀김과 꼬치구이 전문점인 고니지니에서 진행 중인 아이디어다.

"먹방을 올려주는 고객들 중 1등, 2등, 3등을 선정해 무료 시식

권을 선물합니다."^{QR}

이벤트는 그냥 막 하는 것이 아니다. 퀴즈 내고 답을 맞히면 비행기 티켓 준다굽쇼? 게시판에 리뷰를 달아주면 추첨을 통해 금반지를 주신다굽쇼? 물론 안 하는 것보다는 백번 낫다. 하지만 참여도를 높이고 누구나 도전해봄직한 의지를 끌어내려면 당첨 가능성이 희박해 보이는 상품 대신 너도나도 서로 '아는 맛'을 건드리자.

"먹방을 올려주는 고객들 중 1등, 2등, 3등을 선정해 무료 시식권을 선물합니다."
고객 참여를 이끌어내는 이벤트를 만들어보자.

1 스포트라이트를 쏴라

2

계란찜에 깃발을 꽂아라

———— 드러내고 각인시키기

밥이 아니라 콘텐츠를 팔아라

"맛을 정확히 기억할 수 있다고 믿으세요?"

"72시간 전에 먹은 메뉴도 기억을 못 하는 게 인간입니다."

"무슨 소리? 단골집 쫄면 맛을 완벽하게 기억한다고!"

"많이 드셔보셨으니까요. 반복 학습을 하셨으니까요. 맛으로만 기억되려 노력하니 다 도긴개긴이라는 평가를 받습니다."

맛이 전부가 아니다. 맛은 기본이고 그 밖의 모든 상징이나 콘텐츠로 기억된다. 상호는 정확히 기억 못하지만, "왜 거기 있잖아. 시장통 골목 안의 곱창전골 파는 집~!" 이랬던 경험, 다들 있으실 게다. 맛으로 기억된다면 "왜 거기 있잖아. 곱이 유난히 고소하고 국물이 칼칼하고 진득했던 전골집~!"이라고 하지 않았을까?

실제로 식당을 기억하는 데 미각은 아주 일부만 영향을 미친다. 그보다는 현관 앞의 커다란 조형물, 유난히 친절했던 발렛파킹 직원, 대기실에 놓인 게임기, 긴 생머리의 여주인장, 샹들리에가 번쩍이는 룸, 벽에 붙은 수족관, 등받이가 높은 소파, 12가지 반찬, 찬합에 내주는 장아찌와 젓갈, 직원들이 허리에 찬 집게와 가위, 불판의 온도를 재는 레이저 온도계 등이 더 깊이 각인된다. 그래서 당당히 강조한다.

"밥을 팔지 말고 콘텐츠를 팝시다."

콘텐츠란 무엇인가? 아주 쉽게 말하자면 내 집에서 벌어지는 모든 일이 바로 콘텐츠다. 이걸 표현하는 데 나만의 스타일이나 색깔을 입히면 금상첨화다. 무도 그냥 무가 아니다. 우랑아처럼 통통한 무, 육수를 만드는 정수기, 새로 바꾼 사각접시, 비오는 날 매장 앞의 가로수, 에어컨 청소, 직원 회식, 만석, 대기….

내 집이 다른 집보다 우월하다는 걸 은연중에 쓱 내비치고 싶은데 경쟁자와 똑같아서는 아무 짝에도 쓸모가 없다. 내 집에서 사용하는 거의 모든 것에 나의 생각과 색깔을 입히자. 이게 콘셉트고 곧 콘텐츠다. 모두에게 드러내고자 하는 여러분다운 생각!

여기에 가장 중요한 포인트 한 가지가 더 있다. 근사하고 폼 나게, 그리고 열정적으로 표현하되 내가 하고 싶은 이야기인지 고객이 듣고 싶은 이야기인지를 분간해야 한다. 나는 나름대로 애를 써서 '상록수 같은 열무'라고 표현했는데 고객이 이걸 호감이나 혜택으로 느끼지 못한다면 안 하느니만 못하다.

2 계란점에 깃발을 꽂아라

'이 집은 지루할 틈이 없어. 한번 가보고 싶게 호기심을 자꾸 자극하네~.'

기왕이면 글보다는 사진. 사진보다는 과정을 촬영한 동영상이 더 힘이 세다. 이렇게 콘텐츠를 만들고 유통시켜야 고객에게 감성적으로 다가갈 수 있다. 이성보다 감성이 깊고 오래간다. 내용이 있어야 팔리는 세상이다. 그런 의미에서 과감히 제안하고 싶다.

"매일매일 3개의 콘텐츠를 만들자."

이 콘텐츠는,

1. 우리 매장

2. 우리 메뉴

3. 내가 쓰는 식재료

4. 손질과정

5. 내가 가진 조리 테크닉

6. 손님

7. 날씨

와 관련되면 좋다.

1일 30회전의 기염을 토하고 있는 고기리 막국수 김윤정 대표는 치밀한 전략으로 국수를, 아니 콘텐츠를 팔고 있다.

'입춘국수'^{QR}

따지고 보면 같은 주방에서 나온 같은 국수다. 그러니 '입춘'이라고 적으면 과한 수식이 아닐까 눈을 흘기실 분도 계시리라. 이런 분들을 위해 과학적으로 근거를 제시한다. 1년 365일 이 땅의 온도와 습도는 다르다. 이제 막 수확한 햇메밀과 한두 달 지난 메밀도 다르다. 그러니 절기라는 개념을 입힌 국수는 분명 맞는 이야기다.

우린 왜 '입춘 두부', '하지 김치', '입추 추어탕', '입동 만두전골'이라 칭하지 못했던 걸까? 그 미세한 차이를 소중히 여기지 않았기 때문이다. 아니 고객이 인정해줄 만한 가치를 만드는 법을 배우지 못했기 때문이다. 이런 고민 과정을 거쳐 만들어진 콘텐츠는 유통돼야 의미가 있다. 온종일 내 허벅지만 찌른다고 나의 고통을 남들이 알아주지 않는다. 알리고 또 알리자. 그래야 이 정보가 호감을 사고 신뢰를 얻게 된다. 이런 감성적 자극이 고객의 뇌와 마음을 움직인다.

'참 열심이다. 이 집.'

가야만 할 동기가 생겼다. 그럼 된 거다. 솥밥에 생전복을 쓴다면 이 녀석이 조리 과정에서 꿈틀대는 걸 영상에 담자.

새벽에 텃밭에 나가 고추와 상추를 딸 때도 인증샷을 찍자. 10kg짜리 거물 민어가 들어오면 번쩍 들어 그 위용을 기록하자. 장을 보

고기리 막국수의 '입춘국수'. 정보가 호감을 사고 신뢰를 얻게 만든다. 콘텐츠를 판다는 것은 이런 것이다.

      2 계란짬에 깃발을 꽂아라

는 모습, 두부를 만드는 과정, 전을 부치는 장면…. 무엇이든 상관없다. 고객이 내 음식과 브랜드에 의심을 가질 만한 모든 요소가 콘텐츠거리다. 여러분이 소중히 제작한 콘텐츠를 보면 자연스레 의심이 사라지고, 입이 근질거려 못 견딜 정도가 되게 만들자. 한번 물으면 떼고 싶어도 뗄 수 없는 오공본드보다 더 강력하게 고객의 뇌에 들러붙자. 그렇게 예비고객과 잠재고객을 감염시키자.

"그까짓 게 정말 매출을 올려주나요?"

"그게 말입니다…. 이건 죽음의 불경기에도 살아남은 5%가 즐겨 쓰는 탑 시크릿입니다. 경쟁자가 콘텐츠를 뿌려대기 전에 얼른 시작들 하시죠."

의미 있는 사건을 만드는 집

유의미

有意味

있다 + 뜻 + 맛

"뜻도 있고 맛도 있어야 한다."

밥만 팔아서는 의미 있는 사건이 될 수 없다. 굳이 기억하려 들지 않는 이유는 애써 기억할 만한 것이 없기 때문이다. 한마디로 뜻이 없다는 소리다. 세상에 판매자의 뜻이 없다니 심각하게 슬프다. 생각이 없다는 소리 아닌가? 그렇다면 뭘 어떻게 담아야 '뜻'이라는 것이 만들어질까? 한자 '意' 안에 답이 있다.

意＝音＋心

2 계란찜에 깃발을 꽂아라

'마음의 소리를 내다. 본인의 생각이나 색깔을 소리내다.'

남'다름'과 나'다움'은 결국 나의 생각에 의해 만들어진다.

그게 무엇이든 내가 다루는 모든 것에는 매일매일 나의 생각을 담아야 한다. 생각 없이 비즈니스를 하면 고객에게 무시당하기 딱 좋다. 생각이라는 단어가 추상적이어서 잘 와닿지 않는다면 고민으로 바꿔도 좋다.

나의 국수, 나의 고기, 나의 김치, 나의 찌개는 남들과 다른 생각으로 결정되어야 한다. 그래야 유의미한 사건을 만들 수 있다. 오너의 치열한 고민과 자신을 분명하게 드러낼 철학이 있어야 의미가 완성된다.

삼겹살을 팔되 우린 '듀록'이라는 품종과 영국산 '말돈' 브랜드의 소금을 매칭시켰다. 이러면 뭔가 특별한 삼겹살이 된다. '맛있는 갈비를 팔겠다'가 아니라 '지례돼지에 양쪽으로 다이아몬드 칼집을 넣고 벌꿀로 밑간을 한 뒤 언더레인지에서 구웠다.' 이게 생각이다. 고객을 단 1%라도 더 행복하고 즐겁게 만들기 위한 나의 마음. 순전히 내 고민 속에서 나온, 베끼지 않은 바로 그 생각. 몇 날 며칠을 고민한 그 생각과 판단을 전달하면 유의미해진다.

식재료나 플레이트에 물리적 변화를 줘도 의미가 생긴다. 대부분 둥그렇게 지져주는 부침개를 사각 프라이팬에 구워 네모난 전을 만들어도 의미가 된다. 남의 생각이 아니라 나의 생각이 담겨야 고객은 의

@ 대전 요식당

생각 없이 남들 주듯 그냥 내면 잊힌다.
나의 국수, 나의 고기, 나의 김치, 나의 찌개는
남들과 다르다는 생각이 있어야
유의미한 사건을 만들 수 있다.

2 계란껌에 깃발을 꽂아라

미라고 느낀다. 잘라야 할 갈치를 자르지 않고 한 마리를 통으로 내도 의미가 생긴다. 다 똑같은 소금·후추통이 아니라 자동 믹서처럼 갈아지는 소금·후추 기계를 내줘도 의미가 된다. 황태나 노가리 혹은 먹태를 찍어먹으라고 내주는 마요네즈 간장도 케이크처럼 만들면 의미다. 원형인 돈까스를 말아주면 막대가 되어 기억할 만한 의미가 된다.

한우 접시를 3층으로 만들고, 연어회로 케이크를 만들고, 등갈비를 한 쪽 한 쪽 잘라 젠가처럼 쌓고, 짬뽕 속의 오징어를 통째로 한 마리 세워 올리고, 아이스커피에 넣어주는 얼음도 공룡 모양처럼 만들자. 그럼 쉽게 잊히지 않는 상징이 되고 고객에게는 유의미한 사건이 된다.

반대로 뜻이 없고, 생각이 없고, 고민이 없다면 그게 바로 무의미다. 아무도 거들떠보지 않고 그나마 있던 손님마저 등을 돌리게 만드는 아주 위험한 바이러스, 무의미.

우리 모두 제발 "생각 좀 하고 삽시다."
유의미할 수 있게.

72시간 동안 생존하라

"맛있게 드셨어요?"

"아… 네… 맛있게 먹었어요."

다음 날 카운터 뒤에 숨어 지나가는 손님들을 훔쳐본다.

"어? 어제 맛있다고 드시고 간 손님인데….."

내일도 모레도 우리 집을 그냥 지나간다. 어찌 된 일이지? 분명히 다들 맛있다고 했는데…. 우리 집 손님들이 나에게 거짓말이라도 한 것일까? 아무리 생각해도 답을 못 찾겠다.

이런 분들은 앞으로 고객의 말을 믿지 말고 그의 팔과 손을 믿으시라. 행동은 뇌의 지시를 받는다. 정말로 당신의 매장과 메뉴에 감동했다면 절대 한 손으로 카드를 내밀지 않는다. 깍듯한 두 손은 아니더라도 최소한 카드를 쥐지 않은 반대편 손이나 팔을 받쳐 약간의 예의라도 갖출 것이 분명하다. 무한 감동하면 90도 폴더 인사도 서슴지 않는다.

인간의 행동은 말을 대신한다. 그의 행동을 관찰하면 답이 보인다. 그리고 질문에 크나큰 잘못이 있다. 맛있냐고 물어보면 건성이라도 맛있다고 대답하게 되어 있다. 당신이 유도 질문을 하지 않았는가? 그렇다고 혹시 불편한 점이라도 있으셨어요? 이리 물으면 굳이 하지 않아도 될 불편함을 찾기 위해 애써 식당에서의 경험을 복기한다.

"왜 고객들은 매일 우리 집에 오지 않는 걸까?"

"아침 먹고 점심 먹고 저녁 먹으러 일주일 내내 왔으면 좋겠는데…."

이 질문에 대한 답은 의외로 가까운 데 있다. 지금부터 신묘한 기억의 세계로 들어가 보자. 텔레비전에서 이전에 본 영화가 방영된다. 배우도 배경도 분명 본 적이 있다. 그런데… 어라, 〈명량〉에 이정현이 나왔던가? 〈국제시장〉에서 황정민이 저런 대사를 했나? 〈베테랑〉에서 모델 장윤주가 형사 역할을 했었구나. 〈도둑들〉에서 임달화가 저리 중요한 역할을 했단 말이야? 나이를 먹은 건가? 왜 기억이 전혀 안 나지? 기억 회복을 위한 건강보조 식품이라도 먹어야 하나? 놀랍긴 하겠지만 크게 고민할 필요는 없다. 원래 인간의 기억은 그런 거다. 질문을 하나 드리겠다.

"여러분은 어제, 그제, 그끄제 드셨던 점심 메뉴가 기억나세요?"

"혹시 어제, 그제, 그끄제 입었던 팬티 색깔을 기억하시나요?"

만약 대답이 '예'라면 여러분은 상위 10%의 비상한 기억력을 가졌

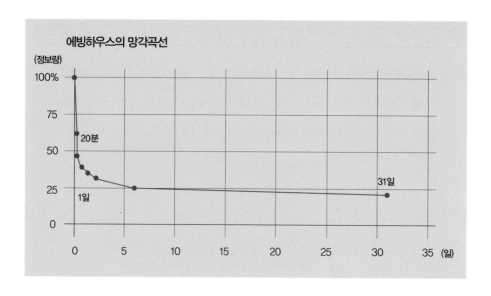

에빙하우스의 망각곡선

(정보량)

100%

75

50   20분

25

0

1일   31일

0   5   10   15   20   25   30   35 (일)

맛있고 가성비가 좋은데도 왜 고객들이 다시 찾아주지 않을까?
에빙하우스의 망각곡선은 무언가를
끊임없이 보여주고 또 보여주어야 한다는 사실을 깨닫게 한다.

거나 아니면 매일 같은 메뉴로 식사를 하거나 매일 똑같은 색깔의 팬티만 입을 가능성이 높다.

인간의 기억에 관해 두각을 나타낼 만한 연구 실적을 발표한 사람은 독일의 심리학자 헤르만 에빙하우스다. 그는 망각곡선을 발표해 세계를 놀라게 했다. 기억 흔적이 어떤 조건에서 획득되고, 얼마나 오래 지속되는지, 망각을 일으키는 것은 무엇인지 문제를 제기했다.

중고등학교 시절로 돌아가보자. 전교 1등 하는 친구들은 수업 시간이 끝나도 운동장으로 바로 뛰어 나가지 않는다. 자리에 앉아 아주 짧은 시간이지만 50분간의 수업 내용을 복기한다. 공부 직후 1시간이 지나면 기억은 50% 미만으로 사라지고, 8시간이 지나면 20% 그리고 24시간이 지나면 10% 미만만 우리 뇌 속에 남는다. 반면 배운 즉시 2분간 복습하면 40%대가 지속적으로 유지된다. 복습을 두 번 하면 60%. 이래서 '복습, 복습' 하는 거다. 만약 예습까지 이루어진다면 기억은 80%대로 상승한다. 덜 잊히고 훨씬 오래 남는다는 말이다.

갑자기 장사의 전략에 대해 이야기하다 웬 심리학자에 망각에 학습, 복습까지 언급하는지 궁금할 것이다. 에빙하우스의 망각곡선은 사실 수험생보다 자영업자들에게 훨씬 큰 의미를 갖기 때문이다.

에빙하우스 이후 많은 학자들이 기억에 대한 수많은 연구 결과를 발표했다. 그중 하나가 바로 일본 뇌과학자들에 의해 발표된 '기억상실라인'이다. 아주 간단하게 정리하자면 습득한 정보는 72시간 이내에 거의 80%까지 사라진다는 것이다. 앞서 팬티 색깔이나 식사 메뉴를 물은 것도 이를 확인하기 위함이었다. 여러분의 식당 음식이 그리 맛있고 가성비가 좋은데도 불구하고 왜 고객들이 삼시세끼 일주일 내내 오지 않았는지 이제는 비밀을 아시겠는가? 그래서 목에 핏대 세우고 수십 번씩 강조하는 거다.

거래를 마치고 돌아선 고객들에게도,

"당신은 절대로 후회할 선택을 하신 게 아닙니다."

"저희는 오늘도 고객을 위해 이렇게 열심히 뛰고 있습니다."

를 보여주고 또 보여주라는 말이다.

알리지 않으면 끝장이다.

맛있다고 했으니 백 번이고 천 번이고 다시 찾아와주겠지. 어림 반 푼어치도 없는 소리다. 잊혀가는 당신에 대한 기억을 무슨 수를 써서라도 잡아야만 한다. 이 사실을 아예 모르거나 게을러진다면 호시탐탐 고객을 노리는 경쟁 브랜드와 메뉴가 당신의 자리를 대신 차지할 가능성이 아주 높다.

"잊히지 않는 법을 배워야 이길 수 있다."

계란찜에 깃발을 꽂아라

처음엔 그랬다. 접시에 담긴 고기를 구분하려고 깃발을 꽂았다. 삼겹, 목살, 전지, 항정… 소고기 한 마리 접시에도 꽂았다. 등심, 안심, 안창, 채끝, 갈비살… 업주는 일일이 설명하지 않아 편하고 손님은 구분이 쉬워 만족스럽다. 반응은 뜨거웠다.

이후 이쑤시개는 아주 여러 곳에서 다용도로 쓰이고 있다. 전작 《장사는 전략이다》에서는 음식을 4cm 높이자고 설득한 바 있다. 대한민국 곳곳에서 높여줬다. 감사의 인사도 많이 받았다.

이제 그릇을 높이는 정도의 차원은 훌쩍 뛰어넘고 싶다. 그래서 깃발을 꽂기 시작했다. 계란찜을 그냥 내는 일은 없다. 쉽다고 생각하는 계란찜을 용암처럼 봉긋이 세우기란 쉽지 않다. 수강생들 단톡방에 들어가보면 온갖 노하우가 등장한다. 공기를 덮기도 하고, 계란과 물의 비율을 조절하기도 한다. 그래봐야 16~18cm이다.

이걸 더 높일 수 있는 방법이 있을까?

깃발을 이용하면 된다. 스티커를 출력해서 가운데에 기다란 이쑤시개 모양의 꼬치를 눕힌다. 그리고 조심스레 반으로 접으면 간단한 깃발이 완성된다. 새로운 신호이자 상징이며, 메시지이면서 자극이고 경험이다.

굳이 말하지 않아도 통한다. 고객은 새로운 신호에 반응한다. 수군대고 까르르대고 사진을 찍는다. 너무 사진에 집착한다고 타박하실지 모르니 그 이유를 좀 설명하자. 사진은 기록이다. 기록할 가치가 없으면 스마트폰을 꺼내 셔터를 누르지 않는다. 기록하겠다는 의지는 잊고 싶지 않음이다. 다시 꺼내 보거나 누군가에게 보여주고자 하는 굳은 의지다. 그래서 신중하다. 여러분도 경험해보셨으리라 믿는다.

찍어? 말어? 소비는 과시다. 내 소비를 누군가에게 알리고 자랑하고 싶은 것이 인간이다. 구찌, 샤넬, 프라다, 루이비통… 명품 백 로고를 가려지게 들고 다니는 사람이 있는가? 그럴 리 만무하다. 가방을 들 때 의식적으로 로고의 방향을 확인하고 그쪽을 남들이 볼 수 있게 든다.

마찬가지다. 내 소비가 과시할 만한 가치가 있어야 사진을 찍는다. 노점의 떡볶이든 파인다이닝 레스토랑의 샴페인이든. 그래서 찍을 만한 가치를 만들어주려고 애를 쓰는 것이다. 서비스 된장찌개도 그냥 내보내지 않는다. 찾아주신 고객에게 감사의 멘트를 적어 두부나 호박에 꽂아 테이블로 보낸다. 얇게 썬 돼지고기를 말아 만든 케이크에도 '축하합니다'라는 깃발을 꽂아 낸다. 테이블 도착과 동시에 "꺄~!", "와우!", "대박~!", "헐!" 감탄사가 이어진다.

또 있다. 이 깃발이 제대로 임자를 만날 때가 있다. 바로 단체 회식 손님들이다. 신한소호 팀에서 회식 예약을 했다. 식당에 도착해보니 환영한다는 메시지가 세팅지에 적혀 있다. 고객 입장에서는 참 기분 째질 일이다. 이걸로 끝이 아니다. 참치 모둠회를 주문했는데 생선이나 무채에 깃발이 꽂혀 있다. 자세히 보니 신한은행의 파란색 로고다. 소름 끼칠 일이다.

이건 다른 신호다. 동종업계 경쟁자들은 감히 상상도 못하는 아주 특별한 신호이자 자극이다. 이 외에도 많다. 재료를 구분하기 위해 김밥에도 꽂고, 과일 안주에도 꽂고, 스테이크와 초밥에도 꽂는다. 곧추 세우는 행위에는 깊은 뜻이 담겨 있다. 그 어떤 자극이든 심장과 눈, 그리고 뇌에 가까워지면 딱 그만큼 반응도 강력해진다.

"음식을 남기면 환경 부담금 5,000원을 받겠습니다."

이런 부정적인 메시지와 캠페인을 지독히도 싫어하고 혐오하지만 철판 닭갈비 고구마나 양배추에 꽂아져 나오는 '삽질 금지'는 친근하고 반갑다.

"삽질 금지가 뭐예요?"

"저희가 완벽하게 볶아드릴 겁니다. 안심하시고 직접 뒤집지 않으

@ 대구 모모야스시 참치(위), 제주 태백산(아래)

깃발은 새로운 신호이자 상징이며,
메시지이면서 자극이고 경험이다.
고객은 새로운 신호에 반응한다.
과시할 만한 가치를 만들어내자.

2 계란찜에 깃발을 꽂아라

셔도 됩니다."

직원과 고객 사이에 소통과 공감이 일어나는 순간이다. 이렇게 하고 싶은 이야기를 전달하는 데도 깃발은 중요한 역할을 한다. 어디든 마찬가지겠지만 개시 손님이 중요하다. 하루를 시작하는 시점에서 좋은 에너지를 받으면 하루 종일 일이 잘 풀린다. 누구보다 먼저 우리 매장을 찾아준 손님에게 감사함을 표시할 필요가 있다. 그래서 장전 식구들 중 상당수는 첫 손님에게 서비스를 낸다. 깃발 꽂는 것도 잊지 않는다.

"첫 손님을 위한 특별 찬. 사야의 아침을 열어주셔서 감사합니다."

자, 여러분 앞에는 두 종류의 식당이 있다. 한 곳은 감사의 메시지와 함께 샐러드를 서비스로 내고 다른 한 곳은 그냥 밥을 내준다. 어느 쪽을 선택할지는 너무 당연해서 묻기도 창피하다. 생각해보시라. 어느 쪽 고객이 더 행복할까? 당연히 전자일 게다.

'이 집, 사람을 아주 기분 좋게 만들어주네. 어떻게 이리 세심한 배려를 해줄 수 있지? 아침 첫 손님이라고 다른 누구보다도 스페셜한 서비스를 선물하겠다 이거지? 아이디어가 신선하구만. 아주 흐뭇해. 다들 감사함을 말로만 때우려 드는데 이 집은 차원이 달라. 아침부터 생각지도 못한 선물을 받고… 오늘은 왠지 기분 좋은 일만 생길 것 같은데….'

자연스레 재방문으로 이어질 것이다.

@ 김해 두총각 닭갈비

"삽질 금지가 뭐예요?"
"저희가 완벽하게 볶아드릴 겁니다.
안심하시고 직접 뒤집지 않으셔도 됩니다."

2 계란점에 깃발을 꽂아라

깃발이 아닌데도 불구하고 고객의 뇌를 사로잡고 있는 이가 경북 경산에 있다. 베트남 쌀국수집 '더 포'를 운영하는 장도환 대표는 매주 월요일 깃발보다 더 강력한 무기를 꽂는다. 그는 상가 주변의 자동차에 '비타 500' 음료를 꽂아준다. 아직 오지 않은 예비 고객에게 기분 좋은 메시지와 함께 말이다.

"활기찬 한 주 되세요. 베트남 음식 전문점, THE PHO 드림."

자극 없는 반응은 없다. 이게 답이다.

세우고 또 세워라

소비는 과시다. 누구보다 월등한 존재라는 사실을 입증하고 싶은 욕구가 소유를 과시하게 한다. 사진을 찍는 건 소유욕 때문이다. 이 순간, 이 공간, 이 분위기를 기억하고 싶음이다. 누구보다 먼저 이 순간을 발견했고 정복했다는 의미에서 인증샷을 남긴다.

인스타그래머블도 이런 심리적 배경이 작동한 결과다. 그러니 고객의 본능을 이해하고 그들이 소유하고 싶은 음식과 플레이팅을 완성할 필요가 있다. 만약 손님이 여러분의 업장을 찾았는데 스마트폰이나 카메라를 꺼내지 않는다면? 이건 심각한 거다. 기억하고 소유하고 싶은 무언가가 없다는 건 창피한 일이기 때문이다.

고발할 의도가 아니라면 더럽고 비위생적이고 가치가 없는 것을 찍는 사람은 없다. 사진을 찍는다는 행위가 얼마나 유의미한지 알기에 "시그니처 메뉴를 만들고, 요리를 세우고, 물리적 변화를 주고, 컬

2 계란찜에 깃발을 꽂아라

러를 최대한 활용하자"고 100번쯤 강조한다.

이 타이밍에 도파민 이야기를 하지 않을 수 없다. 다들 아시는 것처럼 도파민은 기분이 좋을 때 분비 된다. 섹스, 마약, 레이싱… 짜릿함이 중독을 만든다. 부족하면 때와 장소를 가리지 않고 갈구한다. 푸드트럭의 대명사가 된 불꽃튀김의 박필연 대표는 모든 튀김을 고객의 눈높이에 맞춰 세워서 진열하고, '을구공'으로 통하는 을지로 구름공방의 최재원 대표는 해체한 먹태도 세워서 서빙한다. 장전 수업을 듣고 무려 7개나 매장을 확대하고 있는 김정훈 대표는 두루치기를 40cm까지 세워 흥분을 전달하고 있다. 상상도 못했던 제품을 만나면 소리를 지르고, 당연히 눕혀야 한다고 생각했던 걸 세우면 탄성이 절로 나온다.

재미가 도파민을 만든다. 놀라운 즐거움이 재미다. 놀라게 하고 즐겁게 하기 위해 세우라고 강조한다. 음식을 세우면 그만큼 심장과 눈 그리고 뇌에 가까워진다. 물리적 거리가 짧아지면 자극이 배가된다. 아주 중요한 포인트다. 매니지먼트를 하고 있는 모든 매장의 메뉴는 세운다. 물성 때문에 불가능하다면 커다란 이쑤시개에 스티커를 붙여 안내 멘트라도 세운다.

"오전 7시 45분에 도축한 횡성 한우입니다."

실천하는 오너들의 노력은 반드시 보상 받는다. 전두엽에서는 새로움과 근사함으로 받아들이지만 후두엽에서는 당신이 들인 그 노고

@ 대구 녹향구이

뇌는 새로운 신호를 기록하려 애쓴다.
손해를 증오하는 인간의 본능을 가볍게 끌어안는다.
"난 오늘 후회하지 않을 선택을 한 거야."

2 계란찜에 깃발을 꽂아라

를 '노동력'으로 간주해 후한 점수를 준다. 그만큼 가치가 올라간다. 이런 새로운 신호를 받아들인 뇌는 기록하려 애를 쓴다. 이 순간을 저장하고 싶기 때문이다. 이제껏 경험해보지 못한 새로운 경험이란 이런 것이다.

다시 한번 강조한다. 소비는 과시다. 과시에 가장 큰 도움을 주는 건 바로 '신상'이다. 새로움은 생각하지 못했던 신선한 자극이다. 자극은 반응을 낳는다. 반응은 눈과 마음을 사로잡는다. 게다가 이제껏 없었던 자극을 발견하면 스스로 대견해 한다. 물론 맛과 양은 기본이다.

"난 오늘 후회하지 않을 선택을 한 거야."

손해를 증오하는 인간의 본능을 가볍게 끌어안는다. 뭔가 기억하고 싶고 보유하고 싶은 순간을 내 것으로 만들면 도파민이 분비된다. 여기서 끝이 아니다. 내 자신이 보유할 때만 나오는 것이 아니라 이 사진을 타인에게 보여주고 나눠줄 때도 도파민이 분비된다.

오호라~ 슬슬 눈치 채는 분이 있으시리라. 찍을 때 한 번, 나눌 때 한 번, 벌써 두 번이다. 포스팅을 예로 들어보자. 페이스북이나 인스타그램에 사진을 올렸더니 '좋아요'가 마구 쏟아진다. 이걸 보고 다시 한번 기분 좋은 중독, 도파민이 분비된다. 이런 게 콘텐츠의 힘이다.

제대로 만든 메뉴 하나는 고객에게 무려 세 번이나 기분 좋은 기회를 제공한다. 이미 거래가 끝난 상황이지만 제대로 선택한 덕분에 거래 시점 이후에도 계속해서 기분 좋은 상태를 유지할 수 있는 거다.

고민할 시간이 없다. 이 사실을 알고 있는 대다수의 사장님들이 지금 이 순간에도 세우고 또 세우고 있다. 잠시 잠깐 망설이다가는 섹시한 음식들 사이에서 묻히고 말 것이다. 김치찌개의 돼지고기도 세우고, 된장찌개에 들어가는 우렁이도 밑에 깔지 말고 위에 토핑하자. 생각지도 못한 보상이 하나 더 생기면 의심이 안심으로 바뀐다. 비빔밥의 나물도 세우고, 돈까스의 양배추도 세우자. 왜?

"콘텐츠도 생기고 도파민도 생기는데, 세워서 손해 볼 일 없잖아요!"

게으른 원숭이 길들이기

게으른 원숭이가 있다.

테드 강연으로 유명해진 팀 어번의 이야기^{QR}는 많은 것을 생각하게 한다. 게으른 원숭이는 스스로 게으르다는 사실도 모른다. 그러다 보니 무슨 일이든 미루는 게 습관이다. 지금 당장 눈앞에 보이는 편안함과 즐거움, 본능이 원하는 것만 챙긴다. 해야 할 일들에 대해서는 나 몰라라, 그저 쾌감을 쫓는 데 급급하다. 이 녀석은 힘든 일은 물론이고 불쾌함마저 꺼려한다. 선과 악을 구분하지도 않는다. 논리적 사고도 혐오한다. 하루 종일 젖 달라 떼쓰는 갓난아기처럼 시간관념도 없다. 배고프면 울고 배부르면 잔다.

팀 어번의 테드 강연 동영상.
우리의 머릿속에는 게으른 원숭이가 한 마리씩 살고 있다.

가장 심각한 것은 도통 계산을 하려 하지 않는다는 사실이다. 그래서인지 상당히 충동적이다. 순간적인 욕구를 채우기 위해 물불을 가리지 않는다. 한마디로 욱한다. 게으른 원숭이는 다양한 감각을 가지고 있다. 시각 후각 청각 촉각 미각 정도를 훌쩍 뛰어넘는 20개가 넘는 감각을 가지고 있다. 그래서 자극에 아주 민감하다. 자극을 주면 벌떡 일어난다. 이 게으른 원숭이가 우리의 뇌 속에 살고 있다.

'한국수'라는 프랜차이즈를 운영하는 오너에게서 문자가 한 통 왔다. 입점하는 백화점에서 오픈 기념 할인 이벤트를 원한단다. 스태프들과 논의한 결과 가운데 특정 메뉴 할인, 전 메뉴 할인, 만두 서비스 중 어떤 것이 좋을까를 묻는다. 질문은 의도를 제대로 파악해야 정답을 맞힐 수 있다. 오픈을 했으니 알리고 싶을 테고, 기왕 알리는 거 생색이 났으면 좋겠고, 폼 나게 생색은 내되 크게 손해 보고 싶지는 않을 것이다.

좀 더 깊게 들어가 보자. 이 이벤트는 결국 누구를 위해서 하는 것인가? 나? 고객? 백화점? 답은 셋 모두다. 그렇다면 셋 다 행복해질 수 있는 방법이 있을까? 뜸을 들이면 여러분 머릿속에 살고 있는 원숭이가 '욱'할지 모르니 대답 먼저 내놓는다. 있다. 관계된 3자가 모두 행복해질 수 있는 방법이 있다. 단 이 해답은 게으른 원숭이를 설득하는 게 가장 급선무라는 사실부터 확실히 하고 넘어가자. 그에게 선물한 답은 이랬다.

2 계란점에 깃발을 꽂아라

50% 할인!

메뉴 1개 주문 시 추가 1 메뉴

절대로 위아래의 순서가 바뀌어선 안 되고, 위의 50%라는 글자는 반드시 두껍고 큼직하게 붉은 색으로 적으라는 당부도 잊지 않았다. 게으른 원숭이는 숫자에 약하다. 아니 엄밀히 말하자면 주어진 숫자를 기준으로 삼는 경향이 있다. 묻지도 따지지도 않고 50% 할인을 믿는다. 할인의 폭은 클수록 좋다. 할인도 생색내지 못한다면 안 하느니만 못하다.

군이 빨간 글씨를 고집한 이유는 이렇다. 게으른 원숭이는 붉은 색을 좋아한다. 특히 세일일 경우 그 감동은 배가된다. 빨간 글씨… 영어로는 red letter이고 한글로는 적자, 한자로는 赤字, 일본어로는 아까지あかじ다. 그래 바로 그 아까지!

자영업자들, 아니 전 세계 비즈니스맨들이 가장 싫어하는 단어, 아까지. '손해'란 말이다. 이 일본어는 지출이 수입보다 많아서 생기는 결손액을 장부에 기록할 때 붉은 글자로 기입한 데서 유래되었다.

원숭이는 붉은 글씨로 쓰인 할인 금액을 보면 주인장이 손해를 보는 것이라고 서둘러 판단한다. 10~20% 정도를 붉은 색으로 적으면 거짓말을 한다고 생각한다. 반면 50% 이상 70, 80, 90%까지 숫자가 올라가면 충동을 주체하지 못한다. 마구 달려가 사고 싶다는 생각이 든다.

신문 사이에 끼어 들어오는 창고 대방출, 고별 세일, 눈물의 할인 행사 전단지를 보면 심박동이 빨라지는 이유가 바로 이거다. 분명 전 제품을 균등하게 세일하는 것은 아니지만 최소한 나라면 주인장이 손해를 보고 나는 이득을 취하는, 그런 보물을 찾을 수 있을 것이라 굳게 믿는다.

원숭이는 분명 50%라는 단어를 보는 순간, 전체 할인율이 50%라고 머릿속에 쐐기를 박는다. 고객은 그렇다 치고 백화점과 오너도 웃을 수 있는 이유가 여기 있다. 할인의 조건은 이렇다. 한 개의 메뉴를 골라야 추가 메뉴에 대해서 혜택을 받을 수 있다.

계산하기 편하게 국수 가격을 1만 원으로 잡아보자. 고객은 1만 5,000원을 지불하고 두 그릇의 국수를 받는다. 그럼 그릇당 단가는? 7,500원. 결국 최종 할인율은 50%가 아닌 25%다. 속임수는 없다. 계산을 끝까지 꼼꼼하게 하지 않은 원숭이만 억울할 뿐이다.

그런데 말 그대로 원숭이는 억울하다고 생각할까? 아니다. 엎어치든 메치든 이 녀석은 할인을 받았다. 이 원숭이를 상대했던 주인장은 원숭이를 기쁘게 한 죄밖에 없다. 실제로는 덜 주면서 더 준 것처럼 보이는 테크닉을 구사했을 뿐이다.

여기에 고급 기술을 하나 더 추가한다면… 주문 양만큼 테이크아웃에도 할인을 적용해주는 것이다. 수백 번 강조해도 지나치지 않은 수요 창출 때문이다. 안 사도 되는데 도저히 안 사고는 못 배기게 만드는 기술. 가산점 30점은 충분히 받아낼 수 있는 고도의 테크닉이다.

2 계란집에 깃발을 꽂아라

원숭이란 녀석은 공짜라면 양잿물도 마시고 50% 할인에 감지덕지 눈이 희번덕해진다. 진짜인지 아닌지 확인하고 싶은 분들은 지금 당장 백화점 지하 식품 매장으로 가보시라. 교양의 유무, 재산의 많고 적음은 의미가 없다. 3개 1만 원, 반값 할인에 반응하는 '본능'들을 만나게 되실 게다.

그나저나 고객과 유인원은 그렇다 치고 백화점은 어떻게 되느냐고? 백화점에서 50%나 할인 혜택을 받은 원숭이는 절대로 가만있지 않는다. 소비는 과시라는 사실을 입증이라도 하듯 카톡으로 인스타로 페북으로 알리는 데 열과 성을 다하게 된다. 그럼? 자연스럽게 백화점 국수 코너의 매출이 오르고 백화점 수익에도 도움이 되겠지.

잊지 마시라. 앞으로도 여러 차례 게으른 원숭이를 호출할 예정인데 이 친구를 상대할 때 나머지는 다 잊어도 딱 한 가지만 가슴에 새기자. 20가지가 넘는 감각을 가진 원숭이를 꼬드기는 법은 자극과 숫자에 있다는 사실. 그 무엇으로도 이 친구를 건드릴 수 없다면 당신은 원숭이의 친구나 애인이 될 수 없다.

자극하고 또 자극하라. 그래야 반응이 올 것이다.

딱 플러스 원

'플러스 원' 전략은 핵무기다. 무의식 속에 자리 잡고 있는 교환가치를 무너뜨리는 게 이 전략의 목표다. 인간의 거래 행위는 매우 단순하다. 지금껏 알고 있었던 가치보다 더하거나 덜하면 주목한다. 평균 판매가를 알고 있기에 감정이 움직이는 것이다.

"진도 모피 50% 할인!"

이 문장을 보고 택시를 잡아 탈 분들은 많지 않다. 그런데 숫자를 수정하면 상황이 달라진다.

"신노 보피 90% 할인!"

딱 숫자 하나만 건드렸다.

뭔가 하나는 건질 게 있지 않을까 하는 생각이 고객을 움직이게 만든다. 즉 지불하는 금액보다 더 큰 가치를 얻을 수 있다면 수다스러워진다.

2 계란찜에 깃발을 꽂아라

"올케! 모피 90% 할인한대~!"

"대박! 거기서 만나요~"

좋은 건 나눈다. 그러니 두 가지 사실만 유의하자. 남들보다 더한 가치, 알리고 싶을 정도로 현명한 소비라는 증거. 그래서 제안하는 게 딱, 플러스 원이다. 단, 지금 말하는 플러스 원은 가격 혜택만을 의미하는 것이 아니다. 제공하고 있는 서비스에 딱 한 가지씩만 플러스 하는, 치밀한 전략적 차별화다. 모피처럼 큰 할인을 매일 해줄 수는 없는 일이지만 대다수 고객들이 머릿속에 입력해둔 가격과 가치를 뒤흔들어 놓는다면 당신은 빙그레 웃게 될 것이다.

손님의 외투를 1회용 세탁소 비닐에 감싸고, 고깃집에 슬리퍼를 비치하는 걸 희번덕한 아이디어 정도로만 생각하면 큰 오산이다. 그건 치밀한 전략이다. 강력한 충격을 받은 고객은 그렇지 않은 매장에서 실망한다. 얼마큼? 2~2.5배만큼!!!

"지난번 삼겹살집에서는 밀크시슬도 주던데…."

"오늘 입은 정장 비싼 건데 비닐에 포장 좀 해주지…."

"발가락이 퉁퉁 부어서 정말 회식 가기 싫다…."

예비 고객의 고충과 니즈 그리고 원츠를 이해하지 못하면 100번 죽었다 깨어나도 실행할 수 없는 일이다.

그러니 잊지 마시길. 딱 플러스 원이다.

수업 시간에 단 한 번 스치듯 보여준 영상이 있다. 원래 목적은 필요를 만들자는 데 있었다. 내용은 이렇다. 화장실 변기 뚜껑을 뜯어내서 도마로 쓰는 가장의 모습에 기겁한 엄마와 딸이 소리를 지른다. 곧바로 '도마보다 변기뚜껑이 더 위생적이다'라는 자막이 뜬 후 한샘에서 새로 개발한 도마 살균기가 등장한다. 달랑 15초짜리 영상^{QR}이었는데 수업 중 이걸 날카롭게 지켜본 수강생 1명이 딱 플러스 원, 칼도마 자동 살균기를 매장에 도입했다.

정보를 접하고 실행하기까지 그 역시도 수차례 의심했을 게 뻔하다. 좋긴 한데 저 기계를 매장에서 이용한다면 비용도 들고 직원들이 반발할 수도 있을 텐데, 반대가 심해지면 갈등이 생길 게 뻔하고, 거기다 고장이라도 나면 또 어쩌나? 아니, 이런 모든 염려보다 더 번거로운 건 따로 있다. 내가 이 도마를 활용하고 있다는 걸 또 어떻게 알려야 한단 말인가? 그럼 그만큼 또 에너지가 소모되는 거다.

시도에는 갈등이 따르기 마련이다. 우리 뇌 속에서 기존의 시스템과 새로 도입하고자 하는 시스템 사이의 충돌이 일어나 갈등을 빚는다. 그래서 아무리 좋은 아이디어도 이 갈등에 가려 쉬 잊히는 거다.

며칠 뒤 페이스북에 아주 근사한 동영상이 하나 올라왔다. 최신형 살균 도마를 이용해 가위와 칼을 살균하는 모습이었다. 소름이 돋고

한샘의 도마 살균기 광고 영상.
이걸 보고 당장 실천에 옮기는 사람들이 있다.

2 계란점에 깃발을 꽂아라

뭐라 말로 다할 수 없는 기분이 들었다. 하면 그만인데… 시도해보지 않으면 절대로 모를 희열인데… 갈등을 이겨내고 배짱 있게 실행한 그의 도전에 큰 박수를 보냈다. 결국 나는 자발적 전도사가 되어 콘텐츠를 실어 날랐다. 그가 경쟁자들은 상상도 할 수 없는 무시무시한 무기를 장전한 기념으로 말이다.

실행을 한다는 건 결코 쉬운 일이 아니다. 만사를 귀찮아하는 머릿속의 원숭이가 나를 방해하고 저지하기 때문이다. 여러분과 여러분 고객의 머릿속에 살고 있는 이 녀석은 웬만한 자극으로는 절대 바꿀 수 없다. 그나마 이 친구가 약한 게 바로 플러스 원이다. 더도 덜도 말고 딱 하나만 바꾸자고 하면 자리를 고쳐 앉는다. 만약 딱 플러스 원이 고객의 마음을 사로잡는 필살기라고 인정하면 붙이고 있던 엉덩이를 떼고 움직이기 시작한다.

"이 세상에는 두 종류의 식당이 있습니다. 살균 도마에서 요리하는 집 그리고 행주로 닦은 도마에서 음식을 만드는 집."

서비스나 메뉴가 같아도 위생 도마 하나면 충분히 전략적으로 차별화할 수 있다.

픽토그램이 답이다

내 생각만 내뱉으면 커뮤니케이션은 시작될 수 없다. 상대가 쉽게 이해하고 호감을 가질 수 있도록 생각과 주장을 근사하게 포장할 필요가 있다. 또한 쉽게 설명해야 한다. 장전에서 픽토그램 숙제를 내는 이유다.

80% 정도가 숙제를 제출한다. 나머지 20%는 감을 잡지 못하거나 망설이다 타이밍을 놓치고 만다. 그럼 픽토그램은 대체 무엇일까? 사전에서는 이렇게 설명하고 있다.

픽토그램(pictogram) 사물·시설·행위·개념 등을 상징화된 그림문자^{picto-}graph로 나타내 불특정 다수의 사람들이 빠르고 쉽게 공감할 수 있도록 만든 상징문자.

세상에서 가장 쉬운 언어라는 별명을 가진 픽토그램은 지구 어디서나 만나볼 수 있다. 그리고 뇌 속 깊이 박힌다. 가장 많이 쓰이는 곳은 아마 화장실일 것이다. 아주 쉽게 묘사한 그림. 남성과 여성 화장실을 혼동하지 않는 이유가 바로 여기에 있다. 보는 사람이 저게 무슨 뜻일까 고민할 필요가 없으니 뇌 에너지 소모가 적다. 만약 여러분이 길을 걷다 '24'라고 쓰인 큰 글씨를 발견한다면 숫자가 담고 있는 의미를 알아차리는 데 1초도 걸리지 않을 것이다.

'24시간 영업'

픽토그램은 허락의 의미만 담은 것이 아니다. 금지를 나타내는 데도 이렇게 고마운 친구가 없다. 담배를 피우면 안 되고, 반려견을 데리고 들어오면 안 되고, 또 뭐뭐가 안 된다는 걸 일일이 다 설명하자면 시간도 낭비지만 고객과 불필요한 갈등을 야기할 수도 있다. 상상해보자. 자식 같은 반려견 '햄머'를 데리고 감자탕집에 들어가려는데 직원이 손사래를 치며 막는다. 원칙은 이해하지만 자칫 감정 대립으로 악화될 수도 있다. "도대체 뭐가 문젠데 우리 애기를 못 데리고 들어가게 하는 거야?"

하지만 문 앞에 붙어 있는 픽토그램 하나면 군말 없이 물러난다. 픽토그램을 통해 업장의 메시지를 공개적으로 알리지 않았던가! 굳이 안 된다는데 내 감정을 드러냈다가 공개적인 바보로 몰릴 수도 있다. 이만큼 가성비와 효율성이 좋은 언어가 바로 픽토그램이다.

자, 그럼 어떻게 사용해야 최대의 효과를 얻을 수 있을까?

안내, 설명, 아이덴티티를 묘사하는 데 이만한 효자는 없다.
보는 사람이 저게 무슨 뜻일까 고민할 필요가 없으니
뇌 에너지 소모도 적다.

2 계란점에 깃발을 꽂아라

먼저 긍정적인 매력 포인트를 찾는다.

여러분 매장에서 고객에게 자랑하고 싶은 9가지를 찾아보자. 무엇이든 상관없지만 가급적이면 고객의 이익에 조금이라도 도움이 되는 서비스면 좋겠다. 특히 직접적으로 돈이 될 만한 정보를 우선시하는 게 좋다. 현관에 과감하게 붙이자. 전국 1등이라는 잘난뽕도 좀 하고, 주차장이 있으니 당신이 굳이 주차장에 돈을 쓰지 않아도 된다는 사실도 알려주고, 매일 2시에 기름을 갈기 때문에 그 어떤 매장보다 건강한 치킨을 먹을 수 있다는 정보도 제공하고, 1회용 치약과 칫솔을 비치해서 고객의 치아까지 챙긴다는 인상도 심어주고, 포인트와 마일리지를 적립해주니 그만큼 이득이라는 계산도 대신 해주고, 자판기 커피 대신 고급스런 아메리카노를 내려 마실 수 있다는 차별점도 강조하고, 식사를 하신 고객님에 한해 50% 할인된 가격에 테이크아웃이 된다는 어마어마한 서비스도 큼지막하게 붙이자.

고객은 픽토그램을 아주 쉽고 진지하게 받아들인다. 만약 현관에 머무는 시간이 너무 짧다고 생각된다면 방수 스티커에 인쇄해서 테이블마다 붙여놓자. 마케팅은 억지로 하는 게 아니다. 손님이 직접 느낄 수 있어야 반응하고, 반응해야 방문 빈도가 높아진다. 고객과의 커뮤니케이션은 간단명료할수록 효과적이다.

주지도 않을 거면서 지지부진 질질거리는 립서비스…. 예를 들면 마일리지를 쌓으면 해외여행을 보내준다든가, 이벤트에 참가하면

고객과의 커뮤니케이션은
간단명료할수록 효과적이다.
여러분 매장에서 고객에게
자랑하고 싶은 9가지를 찾아보자.

24k 금 열 돈을 준다든가, VIP 고객들만 초대해 연말 파티를 열겠다 같은 가능성이 희박한 혜택에 지친 고객들은 점점 계산기처럼 변하고 있다.

자, 그럼 전속 디자이너도 없는 내가 뭘 어디서부터 시작하면 좋을까? 아래에 소개한 사이트에 들어가 보시라. 픽토그램을 무료로 내려 받아 쓸 수 있는 사이트들이다. 구글 검색창을 뒤지다 보면 내 사업장의 장점을 그리고 나의 사업 철학을 설명해줄 그림들이 이렇게나 많은 것에 감사하게 될 것이다.

수만 개의 조합이 가능하고 표현 못 할 내용이 없다. 우리 집을 근

픽토그램을 찾아서 적용해보자 ──────────────

http://iconmonstr.com
2630개의 아이콘의 크기와 색상을 웹상에서 편집하고 PNG로 저장할 수 있는 아이콘 몬스터.

http://thenounproject.com
원하는 아이콘을 검색 후 다운로드 받을 수 있다. 다운로드 옵션은 Attribution을 선택하면 무료로 다운로드할 수 있다.

http://www.flaticon.com
526packs, 33 categories, 아이콘을 무료로 다운로드할 수 있다. PNG, SVG, EPS, PSD 등 다양한 포맷 방식으로 저장할 수 있다.

http://www.pinterest.com/StephaneSommer/icons
실시간으로 올라오는 방대한 양의 자료들이 있는 곳으로 전 세계의 최신 트렌드를 볼 수 있다.

사하게 만들어줄 이미지를 9장 찾고, 이 내용을 가장 이해하기 쉽게 그려놓은 녀석들을 다운로드 받자. 그 위에 적절한 메시지를 믹스해 여러분만의 픽토그램을 완성하자. 한 번도 안 해본 사람은 있어도 딱 한 번만 해본 사람은 없다는 사실에 고개를 끄덕이게 되실 게다.

단, 픽토그램을 고객을 가르치는 내용으로 채우면 바보다. '뭐뭐 하지 마라', '안전을 위해서는 꼭 이렇게 하라'라고 가르치면 고객은 재수 없다고 느낀다.

다시 한번 강조한다. 픽토그램은 고객이 혜택이라고 느낄 만한 것들만 골라서 적어야 가치가 산다. 아니면 죽는다.

3

나만의 최초를 찾아라

선도하고 차별화하기

안주하지 말고 재규정하라

"진정한 최고가 되고 싶다면 세상을, 브랜드를, 메뉴를, 재규정해야 돼! 재규정."

지난 4년간 가장 많이 언급한 수업 내용이다.

"막 만들지 않은 막국수." 고기리 막국수의 슬로건이다. 원래 막국수는 메밀을 막 키워, 막 갈고, 막 반죽해, 막 뽑아서 만든 국수를 말한다. 수십 년간 우리는 그렇게 막국수를 먹으며 살아왔고 또 팔아왔다. 헌데 똑 소리 나는 주인장이 막국수를 재규정했다. 어떻게 하면 자신의 음식에 가치를 부여하는지 아주 잘 알고 있는 그녀는 막국수를 그녀만의 컬러로, 그녀만의 생각으로 다시 정의했다.

그리하여 나온 것이 '막 만들지 않은 막국수'로 '막'이라는 단어를 버리지 않으면서도 지금까지 만들어온 막국수와는 전혀 다른 생각을 보여주었다. 재규정은 나만의 생각을 드러내는 가장 강렬한 콘텐츠다.

깜짝 놀랄 천재가 또 있다. 국밥은 좋은 고기 넣고 열심히 끓여서 육수에 말아 내는 것을 말하는데 보통 사람들이 좋아하는 이 국밥을 뒤집었다. 그리하여 대놓고 이야기한다.

"백그릇은 국밥이 아닙니다. 보약입니다."

현재 대전 지역에서 가장 핫하다는 문진현 대표의 최근 작품이다. 수업 시간마다 나를 깜짝 놀라게 만들었던 이 친구가 '장전' 수업 중 가장 어려운 단계인 재규정을 완전히 이해하고 만든 카피다. 국밥에 보약이라는 가치를 주사해서 카테고리 내의 경쟁자들을 따돌리고 당당히 국밥 시장에서 영토를 장악해가고 있다.

이쯤 되면 떠오르는 카피가 하나 있다.

"침대는 가구가 아닙니다. 과학입니다."

지금은 사용하지 않지만 에이스 침대는 이 한 줄로 대한민국을 평정했고 전 국민의 머릿속에 인두질을 했다. 분명 가구인데 그 카테고리를 벗어나 스스로 가구가 아니라고 이야기한다. 다른 어떤 침대보다 더 인체공학적이고 과학적이라는 표현을 함축적으로 표현한 것이다. 그래서 침대의 가치를 한 단계 아니 열 단계쯤 격상시켰다. 이런 것이 바로 재규정이다.

누군가 셀프 김밥을 메뉴로 내놓고자 한다면 그저 예뻐 보이고 재미 삼아 먹는 김밥 차원에 머무르면 안 된다. 재규정해야 한다.

"김밥이 아닙니다. 한식 종합선물세트입니다."

3 나만의 최초를 찾아라

아하~! 오호라~! 카테고리를 장악하고 싶다면, 그리고 독식하고 싶다면 새로운 규정이 필요한 것이구나! 무릎을 치시는 분들이 많이 등장했으면 좋겠다. 무언가를 팔기 위해서는 남들과 달라야 하고 다르기 위해서는 온갖 사물들을 똑같이 바라보면 안 된다. 나만의 시선으로 재규정하는 것이 가장 중요하다.

재규정은 부정에서부터 시작된다. 나의 것은 기존의 규정이나 정의로는 해석될 수 없는 것이라고 엄포를 놔라. 감히 어느 누구도 덤빌 수 없게. 그리고 고만고만한 카테고리로부터 당당히 걸어 나와서, 기존의 낡은 것들과 선을 긋고, 당신의 뛰어난 생각을 집어넣어 시장 내에서 당신의 영역을 공고히 하라.

아직도 모르시겠다면 다음의 몇 줄을 따라와 보시라.

국수가 아니다.　　　　　찌개가 아니다 .

만두가 아니다.　　　　　족발이 아니다.

밥이 아니다.　　　　　　술이 아니다.

식당이 아니다.

그럼 무엇인가?

그 대답은 여러분 머릿속에서 이미 시작되었을 것이다.

전국 1등의 노하우

수없이 많은 곳에서 강연을 요청하고 그만큼 여러 곳에서 강의를 했다. 의뢰하는 입장에서는 회사의 매출을 올리기 위함이 첫 번째 목적일 것이고, 교육을 통해 직원이나 가맹점주들에게 동기를 부여하고 자극을 주기 위함이 두 번째, 국내외 트렌드를 알고 싶은 것이 마지막 이유라 하겠다. 프랜차이즈 본사에서 맡기는 강의에 들어가면 제일 먼저 장내를 쭉 훑어본다. 그런 다음 사정없이 질문을 던진다.

"죄송하지만 어느 분이 전국 1등이세요?"

미리 반응을 예측하고 던지는 질문이다. 웅성웅성하는 사이 여러 명의 시선이 한 곳으로 모이기 시작하면 분위기를 읽은 당사자는 쑥스러운 듯 슬쩍 손을 올렸다가 금세 내려버린다. 어느 곳이든 비슷하다. 좀 더 당당히, 번쩍 들어주면 좋으련만….

성적을 묻는 데는 이유가 있다. 동일한 상품을 동일한 시스템 안에

         3 나만의 최초를 찾아라

서 판매하는데도 꼭 1등과 100등이 나뉜다. 참 희한하다. 같은 본사에서 관리와 지원을 받는 가맹점인데 성적은 판이하다.

이렇게 말하면 "상권에 따라 다르고, 평수에 따라 다르고, 조건이 다르지 않습니까?"라고 되묻는 분들이 있다. 성적에 대해 뭔가 억울한 분들이 주로 이런 반박을 한다. 맞는 소리다. 하지만 여기서 언급하는 1등과 100등은 누가 보더라도 인정할 수밖에 없는 성적 우수자와 그렇지 않은 두 부류를 이야기하는 것이다.

창업 초기로 돌아가 볼까? 프랜차이즈 박람회나 인터넷에서 얻은 정보로 한 달에 돈 1,000만 원씩 벌 수 있다는 유혹에 빠지는 경우가 종종 있다. 퇴직금에 은행 대출금까지 보태 매장을 오픈한 뒤, 서너 달 '오픈빨'로 성적을 내기 시작하면 슬슬 자리를 비운다. 본사 오너나 슈퍼바이저들과 이야기를 나누다 보면 수긍하는 경우가 많다.

"처음엔 참 열심히 하셨어요. 손님도 많아지고, 직원들도 늘 밝고, 그럼 장사가 될 수밖에 없죠. 그런데 어느 날인가부터 매장에 계시질 않는 거예요. 원래 이렇게 벌어야 마땅한 거 아니야? 이리 생각하시는 분들이 많아요. 성적은 저절로 나오는 게 아닌 데도 말입니다. 그러면 희한하게도 사장님이 가게에서 빠져 계시는 시간과 정비례해서 매출도 빠집니다."

본사의 손을 들어주고 싶은 마음은 털끝만큼도 없다. 무엇이 문제인지 파헤치다 보니 결론이 엉뚱한 데서 나온다는 이야기를 하고 싶을 뿐이다. 성적은 저절로 나오는 게 아니다. 치밀하게 만들어지는 것이다. 잔뜩 뜸을 들였으니 선물을 하나 드려야겠다.

현장에서 수업을 들은 분들에게만 가르쳐드린 노하우가 이제는 유행처럼 번져 기분이 참 좋다. 바로 스팀 청소기다. 식당에 들어가 기분 좋게 주문을 마치고 난 뒤 찌개가 나온다. 반짝반짝하던 테이블을 보고 한껏 기대에 차 있는데 점화를 하려고 스위치의 뚜껑을 열면 고춧가루와 먼지 등이 수북한 경우가 꽤 많다. 100등 가까운 분들의 이야기다. 보이는 곳만 치운다. '설마 고객이 이것까지 들여다보겠어?' 자기 기준으로 판단한다. 서비스는 직원이 판단하는 게 아닌데도 말이다. 여기까지면 그나마 양호하다. 옆 테이블을 담당한 홀 직원이 테이블을 치우다 말고 닦지도 않은 그 손으로 물통도 건네고 우리 상에 음식도 올려준다. 미치고 환장할 노릇이다. 뛰쳐나가고 싶지만 까탈스런 진상 고객 취급당하기 싫어 눈을 감는다.

매니지먼트를 맡은 브랜드에서 이 문제를 어떻게 해결할까 고민하다 생각해낸 게 바로 스팀 청소기였다. 아주 폼 난다. 식사 시간이면 200~300명씩 몰려드는데 귀찮게 이 제품을 어떻게 사용하느냐고 물으신다면 답하지 않을란다. 미리미리 하면 될 것 아닌가! 꼭 식당에만 적용되는 이야기가 아니다. 지금까지 수업을 통해 이 방법의 효과를 실감한 사람들은 아주 다양하다. 자동차 공업사 사장님도 있고, 동물병원 원장님, 치과 원장 선생님도 있다. 치과의사 선생님들을 가르치는 치과의사로 유명한 오늘치과의 김석범 원장은 수업을 듣고

3 나만의 최초를 찾아라

곧장 병원에 스팀 청소기를 도입했다. 반응이 뜨겁다는 연락이 왔다.

생각해보시라 집에서도 사용하기 번거로운 스팀 청소기를 치과에서 사용한다? 열에 아홉은 무릎을 친다. 그렇지, 양치대. 치료 중 입을 헹구는 바로 그 부분을 비롯해 곳곳을 스팀으로 지진다. 칭찬 받아 마땅한 일은 가능하면 알리는 것이 좋다. 아니면 지식의 저주에 빠지게 된다. '나만 좋은 일 하면 되지. 나만 열심히 하면 되지. 그럼 입소문이 날 거야.'라고 생각하지만 '호모 검색쿠스'들에게는 먹히지 않는 이야기다. 그러니 청소하는 모습을 열심히 찍어 매일매일 SNS에 올릴 필요가 있다.

나만 알아서는 아무 소용이 없다. 바이러스처럼 퍼져나가야 그 가치를 인정받는다. 청소하는 장면을 스틸 사진으로 찍은 뒤 출력하고 코팅해서 매장 입구에 붙여도 좋다. 이렇게 적으면 금상첨화일 게다.

"이 세상에는 두 종류의 식당이 있습니다. 스팀 청소기로 살균하는 집. 그리고 행주로 닦는 집."

이건 어마무시한 차별화 전략이다. 우리 집 말고는 다 행주를 쓰고 있다는 걸 은근히 암시하는 1등의 차별화 전략. 100등은 도저히 상상도 할 수 없는 디테일의 끝판왕. 1등은 테이블 청소 하나도 허투루 하지 않는다.

최근 이슈가 되고 있는 클린 이팅 clean eating 트렌드에도 발맞출 수 있으니 이 어찌 기쁘지 않겠는가. 고객의 건강을 생각하고, 우리 브랜드의 이미지도 생각한다. 내가 판단하고 결정한 사항이 나와 고객 모두에게 행복을 줄 수 있는지 심오하게 고민한 결과다. 눈치 빠른 고객은 금방 알아차린다. 그래서 격차가 더 벌어지는 거다.

지금까지의 이야기에 고개를 끄덕인 분이라면 당장 검색해서 청소기를 주문하자. 그동안 쌓였던 때가 한꺼번에 씻겨 내려가는 쾌감을 느낄 수 있을 것이다.

고객이 보내주는 흐뭇한 호감은 덤이다.

우린 지금 청소도 콘텐츠가 되는 세상에 살고 있다.

최초를 찾아라

더블 테크+넘버+플레이팅

"고객은 2등을 인정하지 않는다."

"무엇이든 1등인 것을 찾아내자."

"최초를 만들면 1등 하기 쉽다."

이유는 이렇다. 뻔하지 않은 상품이나 서비스를 만들면 고객들의 기억 속에 오래 남는다. 새로움을 추구하는 인간의 본능 때문이기도 하지만 '후회' 때문이기도 하다. 후회할 선택을 하면 칼로리 소모가 급증한다. 미련을 버리지 못하기 때문이다. 그래서 선택이 힘들다.

우리 자영업자들에게는 고객을 후회하게 만들 권한이 없다. 내 브랜드와 제품을 선택함으로써 그들이 혜택을 볼 수 있어야 거래가 지속된다. 많은 사람들이 원조를 찾는 이유는 의심할 필요가 없기 때문이다. '이 집이 맛있을까, 아닐까? 지불한 금액만큼 뽑을 수 있을까,

@ 대구 회성각 복어짜장

짜장면 위에 복어 튀김이 올라가면 사건이 된다.
이종 간 결합을 통해서 최초의 제품을 만드는 테크닉,
바로 더블 테크다.

　　　　　　　　　　　　　　　　　3 나만의 최초를 찾아라

없을까?'를 고민하는 데 써야 할 뇌 에너지를 절약해준다. 오랜 시간 왕좌를 지켰다는 건 그만큼 많은 소비자들이 만족했다는 증거다.

자, 그럼 우리도 한번 원조가 되어볼까?

더블 테크+넘버+플레이팅

생각은 생각을 낳는다. 위의 단어들을 조합하면 또 다른 원조를 만들 수 있다. 카테고리에서 1등 하는 가장 쉬운 방법이다.

더블 테크(Double Tech)

"인간은 중복 기술을 좋아한다."

한 가지 보다는 두 가지, 두 가지보다는 세 가지 기술을 더 좋아한다. 냄비 하나를 사더라도 홑 바닥보다는 이중 바닥, 면도기를 고를 때도 홑 날보다는 이중 날, 장까지 살아서 간다는 유산균도 홑 코팅보다는 이중 코팅, 성형 수술을 할 때도 그냥 리프팅보다는 이중 리프팅이 인기다. 심지어 눈꺼풀도 이중이 되도록 쌍꺼풀을 선호하지 않는가!

이제껏 시나브로 지나쳤던 주위 거의 모든 사물들에 이중이라는 기술이 도입되어 있다. 이 제품이 나에게 다가와 내 일상을 이중으로 행복하게 만들어준다고 믿기 때문이다. 너나 할 것 없이 이중 이중하면 또 하나의 기술 특허를 만들어 삼중을 개발한다. 그리고 큰소리로 광고한다. 경쟁자들은 다 이중인데 우리만 삼중이라고. 키 포인트는 '플러스'에 있다. 하나 더 추가해 새로운 제품처럼 만드는 게 테크닉이다.

치즈 + 라면

회 + 냉면

흑 + 두부

불 + 낙

차돌 + 쫄면

여러분의 메뉴에도 플러스를 하자. 단 주인공보다 가치가 떨어지는 녀석을 붙이면 고꾸라진다. 위의 풀이를 보면 잘 아시겠지만

추가해야 할 아이템의 가치 〉 여러분의 주력 메뉴

이래야 먹힌다. 기껏 더블 테크를 동원했는데 주저앉으면 억울할 일이다.

넘버(Number)

"인간은 숫자에 약하다."

고객을 설득하고 넘어오게 만드는 가장 강력한 무기는 숫자다. 전

세계인이 다 비슷한 모양이다. 수학 잘하는 사람을 보면 '와우!' 하며 존경심을 드러낸다. 이 숫자는 크면 클수록 그리고 디테일하면 디테일할수록 파워가 세진다.

3분 카레

7분 김치찌개

60년 전통 평양냉면

600g 갈비찜

1,000마리 새우튀김

매일 새벽 4시 반에 끓이는 육수

도정한 지 7시간 이내의 쌀로만 지은 밥

괜히 폼 잡으려고 숫자를 동원하는 게 아니다. 수는 뇌에 기준점을 잡아준다. 그냥 카레, 일반 김치찌개, 매운 갈비찜, 진득한 육수, 최고의 쌀로 지은 밥…, 이미지가 또렷하게 떠오르지 않는다. 뭉뚱그린 사진 두어 장이 떠오를 뿐 정확하고 날카로운 선이 살아 있지 않다.

하지만 '도정한 지 7시간 이내의 쌀로만 밥을 짓습니다.'라고 하면 문장 속에서 이미지와 동작이 연상된다. 기호를 상징으로 유도할 수 있는 고급 기술이다. 세상에나! 집에서도 이렇게는 못 하는데 도대체 이 집 밥은 얼마나 맛있을까? 고객의 호기심과 기대를 한껏 불러 모을 수 있다. 그럼 내가 최초이자 원조다. 어느 밥집이 이곳을 이겨낼

@광주 절기밥상

"도정한 지 7시간 이내의 쌀만 사용합니다."
어느 밥집이 이곳을 이겨낼 수 있을까?
답은 숫자 안에 있다.

3 나만의 최초를 찾아라

수 있을까? 숫자다. 답은 숫자 안에 있다. 여러분 브랜드를 구성하는 녀석들을 이 잡듯 잡아내 숫자로 의미를 부여해보자.

플레이팅(Plating)

"인간은 그릇에 약하다."

허접한 그릇에 음식을 내주면 피식 웃음이 나온다. 재료의 선도, 손질과 조리 과정의 노력은 절대 셈에 넣어주질 않는다. 반대로 그저 그런 음식도 그릇이 예쁘면 "오우~!" 감탄이 나온다.

일반 대중음식점에서 그릇과 차림을 바꾸는 건 쉬운 일이 아니다. 왠지 전문가의 손길이 필요할 것 같고, 비용도 만만치 않게 투자해야할 것 같고, 그래서 늘 망설이기만 한다. 하지만 외식업의 역사는 언제나 그릇과 차림이 바뀌왔다. 멜라민이 사기로 바뀌고, 백자가 방짜유기로 바뀌면 고객은 메뉴판에 적힌 금액보다 더 많이 지불할 의사가 생긴다. 무게뿐만이 아니다. 색깔과 크기, 모양도 큰 영향을 미친다.

전국의 국수를 다 모아놓은 '한국수' 매장에 가보면 그릇의 크기에 압도당한다. 나처럼 얼굴이 큰 사람도 푹 넣을 수 있을 정도로 크다. 만약 이 그릇이 보통 국수집 사이즈만 했다면 고객들이 그 가치를 인정하고 매일 줄을 설까? 그럴 리 없다.

파인다이닝 레스토랑의 그릇이 크고 무거운 데는 다 그만한 이유가 있다. 1인분에 10만 원이 훌쩍 넘는 식사 테이블에 주먹만 하고 가벼운 스테인리스 그릇이 올랐다고 가정해보자. 당신은 그 식당을 신고할지도 모른다.

쌀국수의 트렌드를 확 바꿔놓은 '에머이'가 좋은 예다. 어느 것이 어느 브랜드인지 전혀 가늠할 수 없는 하얀 사각의 국수 그릇들을 보란 듯이 따돌려버렸다. 정확히 어느 국가 어느 지역의 문양인지는 모르겠으나 왠지 '베트남 삘'이 나는 컬러와 문양이 고객을 사로잡는다. 맛도 맛이지만 그릇과 컵, 주전자, 소스 용기에 여성 고객들이 마음을 빼앗겨버렸다. 이게 컬러가 주는 맛이다.

그렇다고 무조건 알록달록한 그릇을 사용해야 한다는 소리가 아니다. 다만 지금까지 일반적으로 사용했던 모양이나 색과는 선을 긋는 게 좋다. 라면 그릇, 칼국수 대접, 공기밥 용기, 숟가락 젓가락… 얼마든지 바꿀 수 있다.

마지막으로 하나 더, 그릇을 바꾸기가 좀 곤란하다면 정열 방식을 바꾸는 것만으로도 얼마든지 원조나 최초를 만들 수 있다. 물속에 빠진 고기를 꺼내자. 그럼 건더기가 수육으로 바뀐다. 그걸 접시에 담고 국 대접 위에 뚜껑처럼 덮어주자고 했다. 고객은 쌓인 대접과 그릇을 보자마자 스마트폰을 꺼낸다. 그러곤 입을 벌려 "와우!" 소리를 외친다. 그럼 된 거다.

찾자. 나만이 할 수 있는 최초를.

이 녀석을 적극적으로 알려 1등을 거머쥐자.

나만 줄 수 있는 선물
케어+코치+큐레이션

"유성매직 가지고 다니면서 손바닥에 지워지면 다시 쓰고 지워지면 다시 쓰세요. CARE. COACH. CURATION!"

수업 시간에 이 소리만 하면 웃음이 터진다. 하지만 이 안에 비즈니스의 DNA가 모두 들어 있다.

장사는 연애다. 이 정신만 놓지 않으면 대박은 당신 거다. 연애는 지루해지면 안 되고 배신 때려도 안 되고 끝까지 변치 않고 사랑해줘야 결실을 맺는다. 영원불멸의 법칙이다. 여러분 모두 연애 시절 기억을 떠올려보자.

상대의 단점을 조심스레 케어해주고, 근사한 연인이 될 수 있도록 서로 코치해주고, 이 세상 좋다는 건 모두 모아서 주고 싶고⋯. 이런 감정이 연애다. 비즈니스 세상도 크게 다르지 않다.

이 땅에는 수천 개의 프랜차이즈, 수만 개의 브랜드, 수십만 개의 외식업 관련 정보 그리고 수백만 명의 자영업자들이 무한 경쟁을 벌이고 있다. 도긴개긴이니까, 다 거기서 거기니까 고객에게 잊히는 거다. 뭔가 강렬한 한 방이 필요하다.

고객이 녹다운되면서도 흐뭇하게 웃을 수 있는 그런 치밀하고 철저한 배려. 비슷하면 주목받을 수 없다. 그러니 여러분이 아무리 맛있다고, 나는 훌륭하다고 강조하고 강조해도 관심을 끌 수 없는 것이다. 강렬한 한 방이 없기 때문에.

그럼 슬슬 케어care, 코치coach, 큐레이션curation에 관한 이야기를 시작해볼까? 세계적인 전문가들이 제안한 수많은 아이디어들 중 우리 현실에 가장 잘 어울리는 단어를 뽑았다.

첫 번째는 케어다. 머리카락이나 두피 그리고 뱃살만 케어할 게 아니다. 고객을 케어해야 한다. 고객은 인간이다. 인간은 상상할 수 없을 정도로 강하지만 소비나 구매 앞에서는 아주 약하다. 그래서 돌보고, 살피고, 조심하고, 주의를 기울이고, 걱정하고, 염려해주면 안심하고 의지하고 아군이 된다.

이런 고객을 케어하는 데는 반드시 시나리오가 필요하다. 가끔 케어를 '서비스 매뉴얼' 정도로 가벼이 여기는 분들이 계신데 그건 위험한 생각이다. '서비스 매뉴얼'은 고객을 일반화한다. 태어난 곳이 제각각이고, 살아온 인생이 판이하고, 소득이 엄청나게 차이 나는데 이들을

3 나만의 최초를 찾아라

한데 묶어 '고객관리'한다.

분명히 말하건대 고객은 관리의 대상이 아니다. 나 편한 대로, 나 이끌고 싶은 대로 행동을 컨트롤할 대상이 아니란 얘기다. 한 가지 서비스 매뉴얼로 고객을 일반화하면 빈틈이 생기기 마련이다. 수십 년간 일한 베테랑이 아니라면 이 빈틈을 메우기 어렵다. 매뉴얼은 직원 가이드용이지 고객용이 절대 아니다. 고객을 일반화한 거의 모든 브랜드가 사라진 지 오래다.

그래서 머리끝부터 발끝까지 "꺄~" 소리가 나올 정도로, 그저 그런 경쟁자들은 상상도 할 수 없는 디테일한 케어가 필요하다. 수업 시간에 여러 가지 케이스를 소개한다. 그리고 실행을 요구한다. 단순히 매출이나 몇 푼 올리자는 의도가 아니다. 철저하게 고객의 입장에서 그들이 원하는 것은 무엇이고 어느 정도의 강도에 감동을 하고, 분에 넘치는 대접을 여기저기 알리고 싶어 안달이 나게 할까, 이게 목적이다.

고객이 구매 시점에서 접하는 모든 공간, 시설, 장비, 구조, 서비스 등 거의 모든 부분에서 딱 '10%만 더 해드리기'로 마음을 다잡는다면 경쟁자와의 격차는 상상할 수 없을 정도로 벌어질 것이다.

우리가 하고 있는 케어를 살짝 보여드리자면, 힘을 주어 열고 닫아야 하는 문에는 기름칠을 하고, 여유가 있다면 자동문으로 바꾸고(실제 양평에 있는 힘찬 갯벌낙지는 자동문 시설을 갖추고 나서 50% 이상 매출이 상승했다), 의자의 높이는 78cm로 맞추고, 조명은 계절과 메뉴에 따라 3,000켈빈에서 6,000켈빈까지 조정할 수 있도록 조종기를 설치하고, 그릇과 음식의 배색을 조율하고, 젓가락의 길이와 너비를 음식에 맞추고(거의 이루어지지 않고 있는 디테일이다. 그저 폼만 나면 된다고 생각하지만 같은 커트러리를 20분가량 사용해보면 손아귀에서 느껴지는 피로도의 차이가 정말 크다), 물이 가장 맛있는 온도 12도씨를 유지하고, 손이 맛을 느낄 수 없는 스테인리스 이중 용기를 창고로 치우고, 홀 소음을 막기 위해 천장에는 흡음 벽지를 바르고, 눈앞에서 고기 무게 확인하라고 저울도 올려놔주고, 구두나 하이힐을 신은 손님이 주로 찾는 곳이라면 1회용 슬리퍼도 비치해놓고, LG 스타일러도 구비해 고객이 뒤집어쓰고 온 미세먼지와 잡냄새까지 잡아줄지어다. 아무나 엄두를 내지 못하는 케어들이 우리 사회 이곳저곳에서 벌써 이루어지고 있다면 소름이 좀 돋으시려나?

두 번째는 코칭이다. 가장 신중하게 다루어야 할 키워드다. 고객은 가르치려 들면 안 된다. 불쾌해한다. 감히 자영업자 주제에 사람을 가르치려든다고 역정을 낸다. 그러니 가르치지teach 말고 코치coach 해야 맞다. 뭘 코치하느냐? 막상 이런 제안을 받고 보면 막막해한다. 하지만 간단히 생각해보자. 나는 잘 아는데 고객은 나보다 조금 덜 아는 내용, 그런데 이 코치를 받으면 인생이 단 1%라도 더 행복해지는 그런 콘텐츠를 코치하자.

그 비싼 임대료를 내는 매장에 커다란 놀이방을 준비해 빅히트를 친 이바돔 감자탕. 브랜드 노화는 나라님도 막기 어렵다. 스스로 늙기도 하지만 후발 주자들 때문에 상대적으로 노화하는 것처럼 보이기도 한다. 그래서 원년의 비즈니스 철학을 부활시키고 싶었다. 케어와 코치를 통해. 가맹점주 수업 중에 이런 아이디어를 선물했다.

"책 읽어주는 이모 어떠세요? 아이들이 책을 읽을 수 있도록 코칭을 해주는 거예요. 전국에 훌륭한 독서 지도사 분들이 아주 많으세요. 이분들을 모시는 겁니다. 토요일과 일요일 아이들이 가장 많이 몰리는 시간에 선생님을 모셔서 책을 읽어주고 또 읽는 것에 재미를 붙이도록 코칭해주는 겁니다. 딱 3시간만요. 엄마들이 많이 힘들어하는 게 아이들에게 책 읽어주는 거거든요."

몇 주 뒤 카톡으로 사진 한 장을 받았다. 아이들에게 책을 읽어주는 선생님과 눈이 반짝이는 아이들. 그 모습을 부모들은 스마트폰 카메라에 담고 있었다.

그날 이후 "잘 먹었습니다."라는 인사는 "책 읽어주는 선생님 또 언제 오시나요?"로 바뀌었다. 고객을 가르치려 들면 튕겨나가지만 옆에서 조용히 거들고 코치하면 스스로 마음이 동한다. 사실 코칭에는 비밀이 하나 숨어 있다. 다름 아닌 중독이다. 접대나 배려는 1회용으로 끝날 가능성이 크지만 코칭은 다르다. 또 오고 싶게 만드는 매력이 있다.

베이커리나 와인 그리고 커피 브랜드와 매니지먼트 계약을 맺으면 제일 먼저 시나리오를 짜는 게 바로 스쿨이나 아카데미다. 베이커리스쿨, 와인 아카데미, 커피 학교, 국수 학교 등. 일방적으로 주입하는 것이 아니라 당신이 알고 있는 노하우를 나눠주고 고객이 조금이라도 더 행복해질 수 있도록 하기 위해 코칭을 도입한다. "여기요~", "아저씨~" 같은 호칭이 "선생님"으로 바뀌는 기대 이상의 보상도 이루어진다.

마지막으로 큐레이션. 말 그대로 미술관 큐레이터처럼 전국의 좋은 재료나 서비스를 모아 고객에게 소개하는 것이다.

경수채, 공심채, 루바브, 마카, 마편초, 말라바시금치, 모링가, 모시풀, 몰로키아, 스테비아, 아마란스, 아피오스, 야래향, 얌빈, 양하, 왜당귀, 차요테, 컴프리, 케나프, 큰다닥냉이, 그라비올라, 넌출월귤, 모새, 미라클베리, 비타민나무 열매, 비파, 뽀뽀나무 열매, 엘더베리, 여지, 왁스애플, 칼슘나무 열매….

식재료 공부를 안 해서 그렇지 내 음식에 추가해서 새로운 작품을 만들 수 있는 아이템은 쌔고 쌨다. 미술관 작품 설명처럼 메뉴판에든 세팅지에든 설명을 달아주면 고객의 만족도는 훨씬 커질 것이다. 이렇게 말이다.

지금 여러분이 드시고 계신 음식은 평범한 식재료로 만든 게 아닙니다. 매주 1,000km, 2,000km씩 전국을 뒤져서 찾아낸 보물입니다. 저는 식재료 큐레이터입니다. 오직 당신만을 위한.

3 나만의 최초를 찾아라

생각이 바뀌어야 태도가 바뀌고, 태도가 바뀌면 습관이 바뀌고, 습관이 바뀌면 삶이 바뀐다.

메뉴 이름만 바꿔도 객단가가 오른다

책을 소개하는 방송 프로그램에 종종 출연한다. 대부분 음식과 관련된 내용이다. 푸드 칼럼니스트의 책이나 음식과 관련된 도서가 출간되면 더 잦아진다.

하루는 국회방송의 〈TV, 도서관에 가다〉라는 프로그램에서 전화가 왔다. 댄 주래프스키의 《음식의 언어》편에 출연해달라는 요청이다. 마침 재미있게 읽었던 책인지라 바로 응했다. 댄은 언어학자이면서 컴퓨터공학자다. 심리학, 사회학, 행동경제학 등 여러 분야를 넘나들며 연구해왔기 때문에 이 바닥에서는 천재로 통한다. NSF 커리어상(과학과 공학 분야 교수에게 주어지는 권위 있는 상), 맥아더펠로우십(천재들의 상이라 불림) 등을 수상한 석학이다. 7만 명이 넘게 수강한 스탠퍼드 대학교의 대표 교양 강의, '음식의 언어'를 책으로 만난다는 건 행운이다.

"고급 레스토랑 메뉴와 리뷰에는 왜 섹스 은유가 자주 나올까?"

"하겐다즈에는 어떤 음운학적 마케팅이 숨어 있을까?"

"왜 프랑스에서는 애피타이저인 앙트레가 미국에서는 메인 코스일까?"

"중국 음식이었던 케첩이 미국의 국민 소스로 둔갑한 사연은 무엇일까?"

수많은 질문에 답을 내주는 그의 책에서 내가 가장 주목한 대목은 바로 "메뉴에 쓰인 단어가 길어질수록 음식 값이 비싸진다?"라는 내용이다.

데이터화된 고대의 레시피, 100년 전 온라인 메뉴 컬렉션 1만 개, 현대식 메뉴 6,500건, 요리 가짓수 65만 건, 100만 건의 맛집 리뷰 등 계량 언어학적 도구를 사용한 그의 광범위한 연구조사는 메뉴에 쓰인 단어가 길어질수록 음식 값이 비싸진다는 사실을 밝혀냈다. 다양한 음식의 언어들을 통해 메뉴판에 담긴 레스토랑의 영업 전략, 인간의 진화와 심리, 행동을 해독하는 은밀한 힌트를 던진 것이다.

"목장, 농부 등 메뉴를 수식하는 단어에서 글자 하나의 가치는 약 18센트."

이 대목에서는 얼어붙고 말았다. 전작 《장사는 전략이다》에서 그토록 강조했던 내용이 바로 가치를 만드는 단어를 찾아내는 것이었는데 이것이 가격으로 환산이 가능하다니! 벌어진 입을 다물 수가 없다. 18센트는 약 194원 정도의 가치다. 194원이라…. 우리 집 메뉴를 설명하는 글자 한 자의 가치가 이 정도다 이거지? 이 정도의 금액은 고객이 자신의 뇌를 설득해 더 지불할 의사가 있다는 말이다. 우린 궁금하면 일단 적고 본다.

김치찌개 vs. 돼지 김치찌개

김치찌개에는 웬만하면 돼지고기가 들어간다. 대부분은 그냥 김치찌개면 됐지 뭘 더 바라? 이리 넘기기 쉽다. 하지만 세계적 석학이 은밀히 힌트를 줬음에도 불구하고 그냥 넘어가면 바보다. 일단 적어 놓고 보니 그럴싸하다. 분명 '김치찌개'보다는 '돼지 김치찌개'가 더 가치 있어 보인다.

압권은 가격이다. 김치찌개 1인분을 7,000원으로 잡는다면 돼지 김치찌개는 7,400원. 이거 해볼 만한 게임이다. 똑같은 재료가 들어가는 찌개지만 수식어 한 글자당 대략 200원 정도 더 지불할 의사가 있다 했으니 후자는 400원 정도 더 받을 수 있다. 만약 더 받지 않고 경쟁자와 같은 가격을 받는다면 고객에게 400원어치를 더 제공한 셈이니 우리에게 유리해진다. 기왕 쓰는 거 오늘 과소비 한번 해볼까? 돼지 김치찌개 앞에 두 글자만 더 붙여보자. 그럼 7,800원이 된다.

보성 녹돈 김치찌개

댄 주래프스키 선생에게 소주라도 한잔 사고 싶어진다. 분명히 가치가 더해진다는 걸 감으로라도 알았기에 그토록 메뉴 수식에 목숨을 걸었는데 이제 명확한 근거가 생겼다. 한 글자당 200원이다. 외식업뿐만 아니라 어느 업종, 어느 업태에서도 가능한 작업이다. 게다가 객단가만 올릴 수 있는 게 아니라 고객의 의심도 풀어줄 수 있으니 일석이조다. 열심히 만든 메뉴의 가치도 올리고 고객의 의심도 풀어주고….

카레 vs. 나고야 카레

점점 더 명확해진다. 가격이 보인다. 그냥 카레라 정하면 재료는 무엇이며 어떤 스타일인지 감을 잡기 어렵다. 그런데 딱 세 글자만 가져다 썼다. '나.고.야.' 뇌는 연상이라는 점화를 한다고 설명한 적이 있다. 단어가 나타나면 뇌 속에서는 이미지를 찾아 나선다. 그것이 영상이든 오디오든 광속의 스피드로 스캔을 시작한다. 그리고 단어와 단어의 연관성을 찾기 위해 줄을 댄다.

오호라~ 그냥 카레가 아니라 나고야 스타일의 카레라 이거지? 좋았어. 기분이다. 600원 정도 더 내는 작은 사치는 누리련다.

그리고 보니 메뉴에 목장이나 농부의 이름을 넣는 건 행복한 사치를 만들어내는 과정이다. 같은 규격과 품질의 음식을 먹고도 더한 행복을 누리게 만들려면 수식해야 한다. 그래야 가치를 만들고, 차별화

를 진행하고, 가성비가 아닌 가사비(구매 가격으로 누리는 최고의 사치)
를 창조해낼 수 있다.

자, 여러분의 메뉴판을 한번 지긋이 바라보자. 주재료를 설명하는
그 어떤 설명도 없다면 당장 떼어내자. 그리고 메뉴판에 다시 적자.
한 글자 한 글자 꾹꾹 눌러 쓰면서 주문을 외우는 거다. 재료든 지역
이든 조리법이든 사례는 무궁무진하다.

규동 vs. 도쿄 규동

홍합찜 vs. 여수 홍합찜

갈치조림 vs. 추자도 갈치조림

돈까스 vs. 고베 돈까스

아메리카노 vs. 에티오피아 아메리카노

버거 vs. 수제 버거

부대찌개 vs. 의정부 부대찌개

장칼국수 vs. 강릉 장칼국수

막창 vs. 대구 막창

어묵탕 vs. 부산 어묵탕

여러분이라면 어느 집을 가시겠는가? 또 어떤 메뉴를 선택하시겠
는가? 메뉴 이름은 그냥 짓는 게 아니다. 고객이 행복한 선택을 할
수 있도록 돕는 게 메뉴 네이밍이다. 듣는 것만으로도 맛이 그려지

는, 그래서 먹기도 전에 맛이 느껴지는, 바로 그런 메뉴 이름이 필요
하다.

고깃집에 김밥이 어때서

뭔가 새로운 아이템, 남들과는 차원이 다른 메뉴를 개발하고 싶다며 많이들 물어온다. 사실 차별화는 쉽다. 다르면 된다. 라면에 오징어 먹물을 넣어 까맣게 끓이면 달라진다. 아이스크림을 튀겨도 다르게 보인다. 김치찌개에 비계 붙은 돼지고기 대신 양고기를 넣어도 고객은 다르게 느낀다. 그런데 진짜 차별화는 단순한 다름에 있지 않다. 다르면서도 2가지 키워드를 더 가질 수 있어야 한다.

고객의 필요^{needs}
고객의 이익^{benefit}

이 2가지를 챙겨줄 수 있는 전혀 다름. 그러려면 용기가 필요하다. 너무나 뛰어난 나머지 경쟁자들의 부러움을 살 수 있는 용기. 그 도가 지나쳐 천재들처럼 왕따를 당할 수 있는 용기. 바로 그런 용기를 만들어주는 끼와 배짱이 필요하다.

이것저것 많이 가지지 못한 인간들의 공통점이 있다. 속으론 부러운데 그걸 공격적으로 드러낸다. 디테일이 강한 적을 만나면 철학은 없고 스킬만 있다며 폄훼한다. 그 소리 자체가 본인을 얼마나 초라하게 만드는지 모르고 말이다. 혁명은 마이크로 디테일에서 시작된다. 고객이 가지고 있는 애로사항이나 고민과 고충을 해결해주는 아주 작은 배려가 출발점이다.

고기 장사들 대부분이 그랬다. 대패삼겹살은 냉동만 된다고. 우리 모두는 이게 상식인 줄 알고 살아왔다. 깡깡 얼지 않은 돼지고기 덩어리를 무슨 재주로 대팻밥처럼 얇게 썬단 말인가! 그런데 '패대기'가 일을 내고 말았다. 生 돼지고기에 살짝 '氷을 입혀' 사시미 칼로 저몄다. 소문은 삽시간에 퍼졌다. 남들이 다 안 된다고 하는 일을 해내면 의외로 쉽게 전파되고 바이러스처럼 퍼진다. 이걸로 끝이 아니다. 불판에 오르자마자 순식간에 오그라드는 고기를 열무 잎에 싸먹는다.

이 정도는 애교다. 고깃집에서 김밥을 판다. 얇게 썬 고기를 구워 김밥에 싸먹는 방법을 준비했다. 고기는 밥과 먹어야 맛있다. 고기 마니아들은 다 안다. 친한 후배들에게 '밥이 정말 맛있는 고깃집'이라는 카피를 선물했던 이유가 여기 있다.

그런데 고깃집에서 김밥이라니!

@광주 패대기

고깃집에서 김밥이라니?
그러나 남들이 다 안 된다고 하는 일을 해내면
의외로 쉽게 전파되고 바이러스처럼 퍼진다.

3 나만의 최초를 찾아라

부러움 받을 용기가 없는 평범한 고깃집 사장이라면 이런 질타가 튀어나올 게 뻔하다.

"장사를 아예 모르는구만. 고기 썰고 김밥 마는 데 시간과 인건비가 얼마나 많이 드는데. 쯧쯧쯧."

혀는 내가 차고 싶다. 남들이 '불가능하다'고 치부해버리는 곳에 보물이 있기 마련이다. 선수들은 이 빈틈을 '대박의 틈새'라 부른다. 거창하게 블루오션이라는 단어를 가져다 쓸 것도 없다. 틈새는 의외로 아주 많다. 경쟁자들이 피곤해하고 귀찮아하고 돈이 든다고 생각하는 곳에 여지없이 자리해 있다.

그렇다면 고객은 왜 불가능하다고 생각하는 것들에 목숨을 걸고, 지갑을 여는 데 망설임이 없을까? 고객의 뇌는 끊임없이 계산한다고 여러 차례 언급했다. 여러분이 고객이라면 과연 어느 쪽을 선택하시겠는가?

삼겹살 vs. 생 대패삼겹살

공기밥 vs. 7mm 김밥

된장찌개 vs. 계란 프라이 올린 짜파게티(팔도비빔면도 있다)

평범하지 않은 다름이 가치를 만든다. 그 가치를 찾아내는 용기가 승자의 자격이다. 맛은 기본이다. 친절도 기본이다. 위생은 말할 것도 없다.

'다름'을 만들 줄 아는 용기가 곧 '다움'을 만드는 배짱이다.

물 온도에서 승패가 갈린다

밥집은 밥이 맛있어야 한다.《장사는 전략이다》를 읽은 분들은 이제
다 안다. 맛도 맛이지만 왜 정수물을 쓰는지 이제는 외식업계의 상식
이 되었다. 기분 좋은 일이다. 내친김에 이번엔 물 온도를 이야기하
려 한다. 여기서 잠깐 문제!

　인체는 몇 %가 수분일까요?

　지금 당장 스마트폰으로 찾아봐도 좋다. 알고 나면 내 것이 되는
법. 맞다, 70%가 정답이다. 이미 알고 계신 분들도 계실 테고 방금
정답을 찾아 본 분들도 계시리라. 하지만 상식처럼 알고 있는 이 답
은 반은 맞고 반은 틀리다. 70%라는 수치는 남성 기준이다. 그것도
성인 남성. 수정 직후는 97%, 8개월까지는 80%, 신생아는 약 75%
정도가 수분이다. 성인도 청년이 70%, 40~50대는 60%, 60대가
넘어가면 50% 이하까지 떨어진다. 평균을 내면 70%보다 오히려

　　　　　　　　　3 나만의 최초를 찾아라

60%에 가깝다. 물론 정상인 기준이다. 이 책의 저자처럼 살집이 좀 있는 부류는 지방의 비율이 높고 수분 비율은 낮다.

어찌 됐건 인간은 물을 떼어놓고 설명하기 어려운 동물이다. 뇌, 혈액, 심장, 폐, 신장 모두 상당 부분 수분으로 구성되어 있다. 그래서 좋은 물, 맛있는 물은 굉장히 중요하다. 자, 그렇다면 이제 진짜 문제~

"가장 맛있는 물의 온도는 몇 도일까요?"

이 문제가 중요한 이유는 이렇다. 아무리 근사한 파사드를 설치하고, 유리문에 고기 들어오는 시간을 적어 놓고, 압력솥에서 칙칙 거리며 익어가는 밥 냄새를 맡아도 결국… 처음 혀에 닿는 것은 물이다.

이 물의 맛과 온도를 간과하는 선수들이 많다. 그러니 감동을 주지 못하는 것이다. 혹시 지금까지 식당을 다니면서 물이 맛있다고 느껴본 적이 있으신가? 냉면집 면수와 약수터 근처 비빔밥집의 물은 예외다. 맛난 성분들과 흥분될 만한 분위기가 한몫을 하니 이 친구들은 제외하자.

자, 그렇다면 물의 온도를 몇 도에 맞추어야 손님들이 벌컥벌컥 들이키며 "캬~ 이 집 물맛 예술인데. 도대체 물에다가 무슨 짓을 한 거야?"라는 감탄을 쏟아내게 할 수 있을까? 일단 외우고 테스트해보자.

가장 맛있는 물의 온도＝체온-24도

감히 마이너스 24도라고 적은 이유는 이렇다. 연구 기관에 따라 그리고 관능 테스트에 참여한 남녀노소 구분에 따라 체온-20~25도 정도로 발표한다. 물론 물이 절실한 기상 상태나 환경에 따라서도 다르다. 100m 달리기를 한 사람과 하프 마라톤을 뛴 사람이 느끼는 물의 맛이 다를 것은 자명한 사실이다. 그렇다고 매장을 방문하는 손님 한 명 한 명을 붙잡고,

"달리기 하고 오셨어요?"

"올해 나이는 어떻게 되세요?"

일일이 다 물을 수는 없는 노릇 아닌가! 생각할 것도 외울 것도 많은 우리 동지들에게 잊히지 않을 만한 수치를 생각해낸 게 오차 범위 안에 있으면서 우리에게 친숙한 체온-24도다. 흥분하거나 생리 중인 사람을 제외하면 체온은 평균 36.5도 정도다. 1년 365일… 이렇게 이해하면 쉽다. 그중에서 하루는 24시간. 외우는 방식은 독자의 맘이니 더 이상 관여하지 않으련다.

암튼 '36.5도-24도=12.5도(±3도)'쯤으로 생각하면 마음이 편하다. 이게 학자들이 밝힌 맛있는 물의 온도다. 그러니 아무 생각 없이 냉장고에 넣어놓으면 알아서 맛있어지겠지, 방심하면 안 된다. 이가 시린 고객은 인상을 쓸 테고, 미각이 발달한 미식가들은 아무런 맛도 느끼지 못할 것이다.

기왕 시작한 외식업이라면 고객의 마음에 들 때까지 죽어라 애교를 부려보자. 물 온도? 그까이 거 사시사철 냉장고 온도만 조절해주면 된다. 궁둥이 무거운 사람은 절대로 성공 못 한다고 했으니 지금

3 나만의 최초를 찾아라

당장 일어나 음료 냉장고로 가자. 그리고 가장 맛있는 물의 온도를 맞춰 내자. 물 맛있다고 불평할 사람 아무도 없으니까.

내친김에 하나 더!

맛있는 물의 따뜻한 온도도 궁금하시죠? 70도입니다. 돈까스집에서 내주는 미소시루(일본된장국)나 이자카야에서 내주는 따뜻한 청주 정도의 온도입니다. 그렇다면 가장 맛이 없다고 느끼는 온도는 몇 도일까요? 35도에서 45도입니다. 이제는 다들 이해하시겠죠? 왜 미지근한 물을 내주면 이맛살을 찌푸리는지?

여자 화장실의 변신은 무죄

강연을 하면서 많이 힘을 싣는 부분이다. '화.장.실.' 듣는 것만으로도 기분이 찜찜해지는 묘한 공간. 여러분은 화장실이라는 단어를 듣는 순간 제일 먼저 무엇이 떠오르시는가? 모르긴 몰라도 열에 아홉은 냄새라 대답할 것이다. 생각하는 것만으로도 이맛살이 찌푸려진다. 데이비드 루이스 선생은 《충동의 배후》라는 책을 통해 향기와 맛을 동일시하기도 했다. 그럼 이런 해석이 가능해진다. 향은 맛에 영향을 끼치고 또 맛은 향에 영향을 미친다.

'그렇다면 우리 식당을 언급할 때 화장실은 가능한 한 배제해야겠군!' 하고 생각하신다면 그건 또 다른 오산이다. 평균적 고객들이 가지고 있는 상식을 파괴해야 살아남을 수 있다는 소리는 여러 차례 드린 적이 있다. 그렇다면 방법은? 뭔가 기억에 남는 화장실을 만드는 것이다. 상상할 수 없는… 그래서 또 가고 싶은… .

물론 고객이 화장실을 떠올리며 식당을 찾지는 않을 것이다. 하지만 같은 먹자골목 안이라면 상황은 달라진다. 곱창이 먹고 싶다는 여자 친구에게 묻는다. 동그란 눈을 굴리며 잠시 골똘하던 그녀의 머릿속은 이미 비교 분석 차트로 가득 찬다. 맛, 가격, 양, 친절… 이미 언급한 기준들이 큰 변별력을 가지고 있지 않다면 이 여인의 마지막 판단 기준은 화장실이 될 게 틀림없다. 여러분이 여자 친구의 눈이 되어 가게를 비교해보시라. 실마리가 금방 잡힌다. 좋은 기억을 가지고 있는 곳에 한 표를 던질 게 뻔하다. 커플의 예에서도 언급했듯이 메뉴 선택이나 구매 결정의 주도권이 여성에게로 넘어간 지 오래다.

"배고프나? 가자. 돼지국밥 묵자."를 외칠 수 있는 남성의 수는 기하급수로 줄고 있다. 그만큼 여성 고객의 중요도는 날이 갈수록 커진다. 10대 소녀에서 60대 누님들까지 다 물어보고 관찰해보시라. 여성에게 화장실이 얼마나 중요한지 말이다. 늘 힘주어 화장실을 언급하는 이유가 여기에 있다. 변화는 드러나야 한다. 그래야 가치를 인정받는다. 내 매장의 화장실에 문제가 있다면 아니 도드라질 게 없다면 하루 빨리 조치를 취하자. 그 내용은 이렇다.

1. 향기를 만들자.
2. 조명은 따뜻하고 뽀샤시하게.
3. 타깃 오디언스에 맞는 음악을 틀자.

변화는 드러나야 한다.
그래야 가치를 인정받는다.
향기, 조명, 음악, 이 세 가지에 집중하라.
악취를 없애는 것만으로는 매력적이지 않다.

3 나만의 최초를 찾아라

분명히 적었다. 화장실 하면 반사적으로 떠오르는 악취를 없애자는 게 아니다. 그 정도로는 매력적이지 않다. 내 매장만의 독특하고 매력적인 향을 뿜어내자. 시트러스(감귤) 향 계열이 호감을 갖게 한다는 사실은 꼭 드리고 싶은 힌트다.

다음으로 조명이 아주 중요하다. 눈을 감고 기억을 더듬어보시라. 이제껏 경험했던 화장실 중에 최고가 어디였는지 그리고 최악은 어디였는지. 전자는 호텔이나 파인다이닝 레스토랑일 가능성이 높고 후자는 뒷골목 식당이거나 피서지의 그곳이었을 확률이 높다. 후자는 생각하는 것만으로도 불쾌해진다. 나프탈렌과 암모니아가 결합된 초강력 마취제가 뿜어져 나오는 듯한 느낌이 들지도 모른다. 여기에 조명까지 크게 한몫을 한다. 왜 하필 '싸구려' 화장실 조명은 다 허옇거나 퍼런 형광등일까? 심한 경우 잿빛에 가까운 침울한 색을 쏴주는 곳도 허다하다.

이 두 조명의 차이는 어마어마한 결과를 초래한다. 차가운 조명의 화장실에서는 거울을 보기는커녕 손도 씻는 둥 마는 둥 서둘러 공간을 탈출하고 싶어진다. 백설공주를 괴롭히던 마녀조차도 이런 거울은 보고 싶지 않을 것이다. 얼굴에 핀 기미와 잡티까지 다 보이니까 말이다. 반면에 따뜻한 조명 아래서는 거울 속에 비친 얼굴에 주목하고 또 그 시간도 길다. 근사한 조명 아래의 거울에 투영된 내 모습은 자꾸만 보고 싶어진다.

광고는 트렌드를 누구보다 빨리 캐치한다. 눈치하면 갤럭시다. 아니 갤럭시 광고팀이다. 스마트폰이 놓인 화면으로 조심스레 손이 들어온다. 그리고 자막이 뜬다. '나는 찍는다. 고로 존재한다.' 배경음악이 스피디하다.

고급스러운 화장실 한복판에 여주인공이 서 있다. 전화기를 든 상태다. 등을 돌려 화장실을 나서는 다른 여성의 동선을 따라 고개가 돌아간다. 그녀가 사라지자 우리의 주인공, 표정이 바뀐다. 화장실 세면대의 조명이 마음에 들었던 모양이다. 회심의 미소를 띤 채 카메라를 들어 셀카를 찍는다. 여지없이 섹시한 카피의 자막이 뜬다.

'한 번 지나간 조명은 다시 만날 수 없다.'

오죽 자신이 예뻐 보였으면 화장실에서 셀카를 찍겠는가! 단순한 광고의 설정이라 판단하시는 분들은 아직 멀었다. 지금 당장이라도 인스타그램에 들어가 확인해보시라. 해시태그 몇 개면 여성이 얼마나 화장실 조명을 중요하게 생각하는지 눈으로 확인하게 될 것이다. #화장실샷 #화장실셀카 #화장실컷 #화장실조명 정도만 검색해 봐도 수만 장의 사진을 볼 수 있다.

강연에서 하도 강조했더니 많은 브랜드들이 화장실 조명을 바꾸고 있다. 그리고 인증샷들이 SNS를 도배하기 시작했다. 여기에 음악까지 더할 수 있다면 금상첨화. 천장을 뚫어 스피커 매립 공사를 하지 않아도 된다. 블루투스 스피커를 높게 걸어놓으면 그걸로 족하다. 무슨 음악을 트냐고? 여러분 매장을 찾는 주요 고객이 좋아할 만한 음악을 틀어주면 된다. 그것이 힙합이든 트로트든 클래식이든.

내복과 히트텍의 차이

나와 페이스북 친구인 안태양은 유명하다. 한국보다 필리핀 그리고 동남아시아에서 더 유명하다. '떡볶이로 세계 제패'라는 근사하고 당돌한 꿈을 끼고 산다. 2월의 어느 날, 짧지만 강렬한 포스팅을 만났다. 이런 글을 보면 가슴이 쿵쾅거리고 노트북 앞으로 달려가 글이 쓰고 싶어진다.

내복하면 촌스러운 느낌인데 '히트텍' 하면 느낌이 다르다. 브랜드가 그 느낌을 만드는 순간 일 다한 거임.

브랜드를 만들고 매니지먼트를 하는 것이 주업이다 보니 이런 선수들을 만나면 배꼽인사를 하고 싶어진다. 이 짧은 글 안에 비즈니스의 삼라만상이 모두 들어 있다. 내복도 추위를 피하는 게 주된 역할이고 히트텍도 그렇다. 내복의 두께나 컬러가 좀 거북스럽긴 하지만 히트텍도 이것만 입고 나가기엔 거시기하다. 하지만 '내복'하면 양 팔을 어색하게 든 남녀 마네킹이 떠오르고 '히트텍' 하면 차도녀 이나영이 떠오른다.

그렇다. 브랜드는 뭔가 자연스럽게 떠오르는 거다. 억지로 생떼를 쓰면서 "이걸 떠올려주세요."라고 강요하는 게 아니라 자발적으로 이미지나 상품이 떠오르는 것을 말한다. 거기에 고급스런 느낌까지 더해지면 금상첨화다. 외래어나 한자 등에서 오는 프리미엄은 분명 있다. 하지만 면밀히 검토해보면 꼭 외래어여서 한자여서 브랜드력이 더 강한 것은 절대 아니다.

정리하자면 활자를 보고 구체적 이미지가 떠오르면 90%는 성공이다. 한 가지만 덧붙이자면 마지막 카운터블로^{counterblow}는 당신의 브랜드를 믿게 만드는 것이다. 아무리 히트텍이 인기가 있다고 '히팅텍'이나 '허트텍' 같은 걸 만들면 시장에서 아주 박살이 날 것이다. 이건 오히려 "히트텍은 오리지널이요, 난 짝퉁입니다요." 하고 광고하고 다니는 것과 다르지 않다. 강연 때 이런 소리를 자주 한다.

"물에 빠진 고기를 고급스럽게 표현한다면?"
"건더기요."
"땡~! 수육. 그렇다면 수육을 가장 비싼 메뉴로 만든다면?"
"전국 최강 보양 한우 암소 수육요."

3 나만의 최초를 찾아라

"으이그! 어복쟁반!"

우리 외식업자들은 김춘수 선생 코스프레를 할 필요가 있다. 내가 그의 이름을 불러주어 꽃이 되게 하든 끌리는 메뉴가 되게 하든 세련된 규정이 필요하다. 그래서 고객이 고개를 끄덕이게 만들어야 한다. 물론 유니클로는 광고에 천문학적 금액을 쏟아 붓는다. 동네 밥장사가 따라 하다가는 가랑이가 찢어져도 흉내조차 못 낸다. 하지만 외식업을 다시 규정하듯 애정하는 나의 메뉴를 내복이 아니라 히트텍처럼 만들 필요는 분명 있다.

언뜻 떠오르는 아이디어를 몇 개 적어볼까?

삼겹살 〈 실크 삼겹살
껍데기 〈 백번 칼집 눈꽃 껍데기
대파 〈 진도 최명신 대파

"보통명사를 고유명사로 만들면 그 힘은 10배 더 강해진다."

④

고충 해결사가 돼라

배려하고
신뢰 쌓기

비닐봉투로 쌓은 신뢰

방송가는 회식이 잦다. 메뉴는 주로 고기. 제작사가 돈이 좀 있으면 소고기지만 대부분 국민 메뉴 삼겹살이다. 그날도 상암동 먹자골목에 있는 삼겹살집으로 향했다. 들어서자마자 고기 굽는 내가 진동한다. 무의식적으로 주위를 둘러본다. 외투를 담을 비닐 봉투가 보이지 않았다. 비닐봉투는 고기를 굽는 도중에 튀는 기름도 막을 수 있지만 삼겹살 냄새도 어느 정도는 통제가 가능하다. 다행히 의자가 미니 드럼통 스타일이다. 뚜껑이 열린다는 것쯤은 초등학생도 안다. 익숙하게 뚜껑을 여는데… 아뿔싸! 바닥에 물인지 소주인지 가늠할 수 없는 액체에 원통 안쪽도 먼지투성이다. 내 소중한 수트에게 이런 대접을 해줄 수야 없지, 암!

"이모님~"

옷을 봉투에 담는 시늉을 했다. 고개를 끄덕인다. 잠시 후 내 손에는 소주 회사가 협찬한 익숙한 비닐 봉투가 건네진다. 그.런.데. 구겨진 비닐 봉투 겉면은 코팅된 기름에 먼지까지 달라붙어 끈적끈적하다. 만지고 싶지 않다. 주인장한테 이 봉투에 당신의 소중한 옷을 넣으라고 하면 어떤 표정을 지을까?

'고충'이란 말은 '괴로운 심정이나 사정'을 뜻한다. 이 단어에는 '토로'(마음에 있는 걸 죄다 적나라하게 드러내어서 말함)라는 동사가 붙는다. 헌데 고객은 자신의 마음을 드러내지 않는다. 컴플레인도 겉으로 드러내는 경우는 4%를 넘지 않는다. 나머지 다수는 침묵한다. 여러 가지 이유가 있겠으나 냉정히 말하자면 고객은 자신이 무엇을 원하는지 정확히 모른다. 잘 모른다는 표현이 맞겠다. 그러니 고객의 뇌와 시선으로 들어가서 그들이 채 감지하지 못하는 고충을 찾아내는 게 급선무다. 고충은 에너지 소모와 정비례한다. 번거로워도 불편해도 고객은 금전적·심리적 에너지를 소모한다.

무조건 남보다 더 주는 게 서비스가 아니다. 쥬시 매장에 틀니 세정기가 필요치 않은 것과 일맥상통한다. 진정한 서비스는 고객의 피로를 그리고 애로사항을 미연에 막는 것이다. 외식메뉴 1위로 꼽히는 삼겹살을 생각해보자. 가장 큰 고충이 무엇일까?

1. 일일이 고기를 뒤집고 잘라야 하는 번거로움
2. 테이블은 물론 내 옷마저 범벅으로 만드는 기름
3. 페브리즈도 맥을 못 추는 냄새

4 고충 해결사가 돼라

4. 따로 주문해야 하는 된장과 공기밥

1번은 하남돼지집이 보란 듯이 해결했다. 2번은 대부분 앞치마나 덕트로 어떻게 해보려 한다. 큰 도움은 안 되지만 배려 차원에서 제공하는 옷 보관용 의자나 비닐이 고작이다. 고깃집에서 이런 말도 안 되는 서비스를 만나면 화가 치밀어 오른다. 속된 말로 기분 잡친 채로 음식을 넘겨야 한다는 소리다. 배고픈 혀와 내장은 스윽 넘길지 모르지만 소심한 뇌는 각오를 다진다. '다시는 이 집에 오나 봐라'. 그런 의미에서 칭찬하고 싶은 젊은 사장님이 한 분 계신다.

의정부에서 은현면 민물매운탕을 운영했던 이현민 대표. 책을 읽은 독자와 저자 그리고 페이스북 친구. 이게 다였다. 이 친구의 포스팅은 내 주의와 관심을 끌기에 충분했다. 《장사는 전략이다》에 적어놓은 내용을 하나하나 실행하고 있었다. 관심의 깊이와 폭이 넓어지면서 문자 메시지가 잦아졌다. 그러던 어느 날, 손님들 옷을 걸 수 있는 행거를 샀다는 연락이 왔고 난 주저 없이 아이디어 하나를 제안했다.

"세탁소에서 옷에 씌우는 비닐을 준비해보세요. 많이 비싸지 않습니다."

그는 바로 실행에 옮겼다. 자기가 식당에 입고 간 옷을 사진으로 찍는 경우는 굉장히 드물다. 하지만 이 매장에서 최고의 배려를 누린 고객들은 달랐다. 걸려 있는 자기 옷을 찍기 시작했다. 강의 때 이 사진을 보여주면 자영업자들은 물론이고 대기업 임원 분들도 카메라를 꺼낸다. 고객이 바라는 건 이런 거다. 말없이 느낄 수 있는 입체적 배려. 굳이 설명하지 않아도 와우 하고 탄성을 지르며 내 카메라에 기록하고 싶은 그런 기억.

이현민 대표는 고객을 관찰했고 1회용 세탁소 비닐을 좀 더 고급스러운 비닐 소재의 수트케이스로 바꿨다.

'손님들의 옷은 소중합니다. 구겨지지 않도록 잘 받아 걸어드리겠습니다.'

고객의 고충을 한 방에 없애줬다. 호감을 샀고 이 호감은 신뢰를 구축했다. 매출이 300%씩 뛰는 데는 다 이유가 있다.

고객이 아직 눈치 채지 못한 고충까지 해결해주는 게 진정한 장사의 신이다. 냄새도 골칫덩이다. 먹고 있는 도중에는 크게 느끼지 못하지만 젓가락을 놓는 순간부터 식어가는 불판의 기름은 불쾌한 향으로 바뀐다. 어쩌면 이 역한 냄새 때문에 삼겹살집 점심 매출이 오르지 않는지도 모르겠다. 난 그 향이 싫어 고깃집에서 점심 먹기를 피하는 편이다. 이 정도까지만 정리해도 그림이 나온다.

초벌구이해온 고기를 자이글 프로에서 굽는데 손님들의 앞치마는 일회용이고 행거에는 양복이 세탁소용 비닐에 쌓인 채로 가지런히 걸려 있다. 고충 해결에는 똥고집과 두둑한 배짱이 필요하다. 아무나 할 수 있는 일이 아니니 말이다. 고깃집의 예를 들었지만 센스 있는 분이라면 벌써 우리 집 고객들이 느끼는 고충이 뭔지 찾기 시작했을 것이다. 다시 한번 강조하자면 고객은 스스로 고충을 찾지 못한다.

생선회
이탈리안
중식당
한정식

우리는 하고 있지만 시장에서는 아직 하고 있지 않은 그 무엇. 그리하여 고객을 안심시킴과 동시에 경쟁자의 매장에서는 상상도 할 수 없는 고충을 느끼게 해주자.

생선회 (살균도마)
이탈리안 (요리에 사용하는 정수된 물과 수입산 이탈리아 치즈)
중식당 (코스마다 색깔이 다른 접시)
한정식 (3개의 젓가락＝채소용＋육고기용＋생선용)

고충이라 생각하지 못했던 것을 우리 매장에서 가르쳐주면 어느 곳을 가든 '유진 삼겹살에서는 고기 자르는 가위가 거의 헤어디자이너용처럼 서슬 시퍼렇게 날이 섰던데… 이 집은 너무 무뎌 ㅠㅠㅠ'

'손님들의 옷은 소중합니다.
구겨지지 않도록 잘 받아 걸어드리겠습니다.'
고객이 아직 눈치 채지 못한 고충마저 해결해주는 게
진정한 친절이다.

하는 기준이 생긴다. 결국 상대적으로 손해를 봤다는 느낌이 강하게 들수록 우리 매장을 찾을 가능성과 빈도가 높아진다.

　고객의 고충을 일부러 들춰내고 그에 맞는 솔루션을 제공하면 여러분은 어느 전장에서든 승자로 기억될 것이다. 배려와 격차는 보여주는 것이다. 숨겨놓으면 그리고 고객에게 가르쳐주지 않으면 어느 누구도 절대로 알아차리지 못한다.

척하지 않는 그린워칭

세탁에는 2가지 의미가 있다. 원뜻은 더러운 걸 씻는다는 거고, 다른 하나는 그래 보이도록 하는 것이다. 시사 상식 사전에 등장하는 '그 린워싱'은 후자에 해당한다. 즉 그린워싱은 'green'과 'white wash-ing'(세탁)의 합성어로 실질적인 친환경 경영과는 거리가 있지만 녹 색경영을 표방하는 것처럼 보이기 위한 기업의 홍보 방법을 말한다. 한마디로 위장한 환경주의다.

대표적인 사례가 이스탄불 개구리 사건이다. 자연 친화적이라는 암 시를 주기 위해 시 당국이 이스탄불 신도시에 개구리 4만 5,000마리 를 풀었다. 이곳은 개구리가 살 정도로 안전한 곳이라는 인장을 찍은 것이다. 시 공무원들만 이런 아이디어를 내는 것은 아니다. 전 세계 에는 바이오, 친환경, 에코, 오가닉 등 수많은 인장과 표시가 널려 있 다. 기준이 명확하지 않다. 어느 기관에서 부여한 인장인지도 뚜렷하

4 고충 해결사가 돼라

지 않다. 우리 생활 가까운 곳에서도 쉽게 찾을 수 있다. 마트나 백화점이 그렇다. 입구에 들어서면, 그것도 꼭 오른쪽에 총천연색의 채소와 과일들이 방긋방긋 웃으며 고객을 반긴다. 포그를 뿜어대는 냉장고는 신선도와는 크게 연관이 없지만 고객의 뇌를 워싱하는 역할로는 충분하다. '이곳은 신선하고 좋은 것만 파는 곳이구나.' 마케터가 의도한 대로 고객이 인식하도록 장치들을 배치한 것이다.

이처럼 그린워싱은 전시행정적인 의미가 크다. 이제 생각을 바꿔보자. 아닌 것을 그렇다고 우기지 말고 제대로 보여주면 어떨까? 그린으로 위장하고 1차원적으로 워싱할 게 아니라 오히려 그 개념을 훨씬 뛰어넘는 그린워칭green watching을 제안한다.

그린워칭은 말 그대로 고객의 눈으로 직접 녹색을 확인하게 하자는 거다. 척하는 게 아니라 진짜로, 매장에서 식재료가 커가는 모습을 볼 수 있게 하는 시스템을 말한다. 말이 거창해 시스템이지 상추도 키우고 깻잎도 키우자는 소리다. 그리고 그걸 눈으로 확인하고 손으로 만질 수 있는 작은 온실을 배치해서 고객의 눈과 뇌를 사로잡자는 의도다.

이 아이디어가 처음 시작된 곳은 서너 해 전 수원이었다. 당시 매니지먼트를 맡은 거의 모든 브랜드에 그린워칭을 제안했다. 수원 시내에서 가장 만족도가 높다는 제철쌈밥에도 그랬다. 옥상과 매장에 식물농장을 만들자고. 1차는 건물 내부에 버섯을 키우고 2차는 옥

@광주 절기밥상

광주 절기밥상에는 온갖 잎채소들이 자라고 있다.
보는 것만으로도 시원하고 통쾌하다.
웬만한 경쟁자들은 상상도 할 수 없는
전략적 차별화와 감정적 기억이 동시에 폭발한다.

4 고충 해결사가 돼라

상에 식물농장을 세팅하는 프로젝트. 식당에 들어서는 대부분의 고객은 매장에서 직접 키우는 버섯을 보고 안심한다.

'이 정도 정성과 위생이라면 의심할 필요가 없겠어.'

고객의 점수를 얻으면 호감과 신뢰를 사고 매출도 올릴 수 있다. 식물농장으로 주가를 올린 업장이 또 있다. 워낙 추진력 있는 대표님인지라 말이 기가 막히게 통했다. 순대국밥 프랜차이즈를 운영하던 이분은 제대로 된 밥집이 하고 싶었고 그것을 구현하기 위해 전국을 뒤졌다. 생선이며 고기 그리고 장, 장아찌, 김치 등 개발과 도입에 총력을 기울였다. 결과는 어땠을까?

오픈과 동시에 만석, 웨이팅!

기분 좋은 하루하루를 보내던 분이 매장으로 나를 초대했고 우린 더 큰 '한 방'을 논의했다. 고객의 가슴과 뇌에 불을 지르고 더욱 확실하게 각인할 무기로 무엇이 있을까? 브레인스토밍 도중 제철쌈밥 이야기가 나왔고 좀 더 혁신적으로 도입해보면 어떻겠느냐는 결론을 내렸다. 그리고 대기실로 쓰려던 공간을 과감하게 식물농장으로 개조했다. 그렇게 거침없이 진행된 작품이 바로 하남의 '정가네밥상'이다. 미래 식당을 기획하고 계신 분들이라면 반드시 방문해보길 추천한다. 위에 소개한 두 곳 만큼 크지 않은 매장이라서 망설이는 분들도 계실 것 같아 한 곳만 더 소개하려고 한다. 광주의 절기밥상이다.

매장 문을 열고 들어선 고객은 좌우를 훑어보다 오른쪽에 시선이 꽂힌다. 초록의 싱그러움이 유리문 안에서 피어난다. 온갖 잎채소들이 자라고 있어 보는 것만으로도 시원하고 통쾌하다. 웬만한 경쟁자들은 상상도 할 수 없는 전략적 차별화와 감정적 기억이 동시에 폭발한다. 백화점이나 마트의 그것과는 비교도 할 수 없다.

이건 그런 척하는 그린워싱과는 차원이 다르다. 그린워칭이다. 이런 상쾌하고 경쾌한 분위기에서 식사하는데 밥맛이 없을 수 있겠는가? 고객은 보이는 것만 믿는다. 그것이 달랑 사진 한 장이든 10초짜리 동영상이든. 그린워칭은 자영업 오너들의 숙원 사업을 한 방에 해결해준다.

'죽어 있는 것을 다시 살릴 수만 있다면….'

고객을 꼼짝 못하게 만들고 싶으신가?

지금 당장 수원으로 하남으로 광주로 떠나보시라.

4 고충 해결사가 돼라

커피 한 잔으로 사로잡은 마음

한국인에게 커피 한 잔은 큰 의미를 갖는다. 인구 밀도 대비 커피 매장 수는 가히 세계적이다. 한 잔에 800원짜리 아메리카노부터 2만 원이 훌쩍 넘는 호텔 커피까지 가격 폭이 상당하다. 식사 후 커피 한 잔은 양치보다 중요해서 식당가에서 쏟아져 나오는 사람들은 손에 손에 커피 잔을 들고 있다. 커피 자판기가 놓여 있는 식당에서도 진풍경은 어김없이 연출된다. '다방 커피' 한 잔씩 뽑아 들면 반복 운동이 시작된다. 이 쑤시고 커피 한 모금 머금고 슬쩍 웅얼대고 다시 이 쑤시고…. 너무나 익숙한 나머지 굳이 눈여겨보는 이들도 많지 않다.

자영업계 경쟁이 심화되면서 커피 자판기도 진화하고 있다. 검정 색과 스틸 이미지로 무장한 커피 머신을 구비해놓는 매장들이 하나 둘 늘었다. 심지어 캡슐 머신을 가져다놓은 매장도 속속 등장한다. 경쟁자들과 차별화된 서비스를 제공하기 위한 노력의 일환이다.

"자, 여러분이라면 기사식당에서 자주 보는 커피 자판기의 커피를 뽑으시겠습니까? 아니면 폼 나게 아메리카노를 대접하는 집을 가시겠습니까?"

무턱 대고 비싼 대접을 하자는 게 아니다. 우린 좀 더 스마트해질 필요가 있다. 공짜로 마시는 커피지만 고객의 뇌 속 계산기는 끊임없이 연산을 한다. 대략 원가가 200~300원쯤은 하겠군! 무슨 소리야? 캡슐이라면 이야기가 다르지. 종이컵 포함하면 700~800원은 하지 않겠어? 눈에 보이지 않는 고객과 오너의 심리전이 식사 이후에도 이어진다.

커피 심리전 하면 떠오르는 이들이 있다. 그들은 커피 한 잔으로 고객을 들었다 놨다 한다. 첫 번째는 대구에서 고기서만나를 운영하는 이상현 대표다. 그는 회식을 하고 돌아간 고객들에게 스타벅스 카페 라떼를 카카오톡으로 선물한다. 감사드린다는 메시지와 함께. 게다가 매장에는 오지도 않았던 사모님까지 챙긴다. 두 분이 따뜻하게 한 잔씩 드시란다. 아이디어가 기가 막힌다. 이런 게 바로 첫 인상(퍼스트 임프레션)과 끝인상(라스트 임프레션)을 가뿐히 뛰어넘는 뒷인상(애프터 임프레션)이다.

보통은 우리 집에서 밥 먹고 가면 그걸로 빠이빠이다. 또 와주면 좋겠지만 딱히 방법을 모른다. 매장 입구에 자판기 커피 준비했으면 됐지 뭘 더 하느냐며 자신에게 너그러웠던 분들이라면 아마 이 글을 읽는 동안 닭살이 돋았을 것이다.

애프터 임프레션은 아무나 할 수 있는 게 아니다. 든든한 배짱이 필요하다. 스타벅스 카페라떼 Tall 사이즈(4,600원)로 2잔이면 9,200원이다. 수백만 명이 넘는 대한민국 자영업 오너 중에 이 정도 할 수 있는 사람이 얼마나 될까?

이미 하고 계신 분들이라면 고개 숙여 감사의 인사를 올리고 싶고, 아직 상상도 못한 분들이라면 당장이라도 도입하시길 부탁한다. 고객의 마음은 맨입으로 사로잡는 게 아니다. 원가를 따지기보다는 재구매를 유치하는 게 훨씬 더 유리하다. 가격이 같고 양이 같고 품질과 서비스가 동격이라면 백이면 백 커피를 선물해준 집으로 다시 갈 확률이 높다.

여러 번 강조했다. 고객은 손해를 죽기보다 싫어한다고. 대신 본인이 가져갈 수 있는 혜택 앞에서는 한없이 작아지고 순해지는 게 인간이다. 굳이 2.5 공식을 들이대지 않아도 현명한 분들이라면 배짱 한 번 부려볼 만한 전략이다. 회식 멤버 전체에게 보내자는 소리가 아니다. 예약을 담당했던 바로 그분에게만 커피 한 잔 전하자는 얘기다. 그는 분명 그 회사나 부서의 예약 담당일 확률이 높을 테니 말이다.

커피 심리전 하면 빼놓을 수 없는 또 다른 선수는 대전 오백돈의 권순우 대표다. 전략과 디테일로 무장하고 급부상하며 대전 고깃집 평정에 나서고 있는 권 대표는 감사의 표시로 보내는 커피 선물보다 20배쯤 강력한 필살기를 꺼낸다.

단체 예약을 취소한 고객에게도 종종 커피를 보낸다. 그것도 스타벅스 카페라떼로. 예약 때문에 자리를 전부 비워놓았는데 1시간 남겨두고 취소가 되면 이만저만 난감한 게 아니다. 하지만 그는 이럴수록 침착하게 자초지종을 묻는다. 상대가 무례하지 않았고 무엇인가 사연이 있는 모양이라 판단을 내린 뒤 커피를 보냈다. 이 선물과 메시지는 꼭 가슴과 뇌에 새겨놓자. 오지도 않은 고객에게 1만 원 가까운 선물을 보낼 수 있는 배짱과 용기. 한 번 더 죄송하게 만드는 방법은 그리 많지 않다. 게다가 감사하다는 인사까지 받아낼 수 있다면 이걸로 게임 끝. 애프터 임프레션 전략은 쨌고 쌨다. 눈을 씻고 찾아보자. 내 집을 벗어난 고객을 어떤 무기로 다시 불러들일 것인지.

커피 한 잔으로 고객의 마음을 무너뜨리는 또 한 사람은 경산에서 베트남 쌀국수집을 운영하는 장도환 대표다. 그 역시 커피 한 잔으로 신뢰를 얻는다. 하루는 배달 패키지에 고수 넣는 것을 깜빡한 모양이다. 일반적으로 배달집에서 뭔가를 빠뜨리면 다음에 드리겠다든지 할인쿠폰을 보내든지 한다. 배달 어플리케이션 댓글을 보면 하루에도 수백 개 수천 개씩 이런 글이 오른다. 상한 마음을 누그러뜨리기에는 턱없이 부족한 보상이다. 감점을 가산점으로 돌리려면 이들과는 차원이 다른 전략이 필요하다.

"고수를 못 챙겨드려 죄송해요. 담엔 두 배로 드릴게요.

이 메시지에 스타벅스 아메리카노 한 잔을 더 담았다. 사과하는 법을 제대로 아는 오너다.

"어머, 안 보내주셔도 되는데…."

고객은 이미 녹았다. 주인장은 돈으로 환산할 수 없는 어마어마한 가치를 커피 한 잔과 바꾼 셈이다. 이제 그는 '쌀국수' 하면 '더 포' 경산점이 떠오를 것이다. 그리고 커피 한 잔이 연상될 것이다. 고객의 뇌에 인두질을 해 두었으니.

그렇게 퍼주고 뭐가 남느냐고?

고객의 마음이 남는다.

아기 밥은 무료

강연 중에 종종 내셔널지오그래픽의 〈브레인게임〉을 1~2분 정도 보여준다. 세계적인 전문가들이 제작한 만큼 내용이 정말 알차다. 프로듀서 출신인 내 입장에서 이런 보물을 찾는다는 건 행운이다. 네이버, 유튜브에도 엄청난 정보가 넘치니 참고하시면 큰 도움이 될 것이다. 그중 고전적인 윤리와 관련된 꼭지 한 편이 있어 소개하고자 한다.

여러분은 두 갈래의 기찻길로 들어서는 기차의 방향을 조정할 수 있다. 스위치를 밀면 1번으로, 당기면 2번 레인으로 기차를 보낼 수 있다. 이때 경적을 울리며 브레이크가 고장 난 기차 한 대가 무섭게 질주해온다. 1번 레인에는 한 사람의 인부가 2번 레인에는 4명의 인부가 선로 공사를 하고 있다. 기적 소리가 커지고, 제동은 불가능한데 인부들이 피할 시간이 부족하다. 오직 당신의 결정만 남아 있

4 고충 해결사가 돼라

다. 째깍 째깍 째깍… 여러분이라면 1번과 2번 어느 쪽을 선택하시겠는가? 희생을 최소화하기 위해 대부분 1번을 선택할 것이다. 다큐멘터리에 등장한 인터뷰이들 역시 그랬다.

"네 명을 살려야겠죠."

"도덕적으로 생각했을 때 한 명 보다는 네 명이 중요하죠."

"스위치를 당겨서 네 명을 구하겠어요."

1명보다는 4명의 목숨이 중요하다는 만장일치의 결과가 나왔다. 그런데 조건을 바꾸어도 같은 결과가 나올까? 만약 1번 선로에서 작업 중인 인부가 여러분과 가까운 친척이라면?

"이제 머릿수를 따져서는 안 되겠죠!"

"네 명을 죽여야겠는데요."

대답이 바뀐다. 이게 바로 인간의 본능이다. 이런 대답도 있다. 한참을 생각한 인터뷰이가 어렵게 말을 꺼낸다.

"어떤 친척인지에 따라 다르겠죠."

청중들은 배꼽을 잡고 웃는다. 암튼 결론은 친척을 살린다로 귀결된다. 펜실베이니아 대학교 심리학과의 코렌 아피첼라 교수가 설명한다.

"타인 네 명 대신 친척 한 명을 선택하는 것이 감정에 의한 결정이라 생각할 수도 있지만 여기에는 생물학적인 본능도 작용하고 있습니다. 다른 모든 생명체와 마찬가지로 우리는 유전자를 다음 세대까지 남기고 싶어 하죠. 일부 심리학자들은 이런 진화적 전략을 '친족

선택'이라 부릅니다. 가족을 구하는 이유는 같은 유전자를 지녔기 때문이며 그 유전자를 남기고 싶어 하기 때문입니다."

처음 이 다큐멘터리를 만나고 한동안 멍했다. 당연한 이야기인데 이런 배경이 숨어 있다니. 이게 본능이란 말이지? 그럼 이 내용을 어떻게 외식업에 그리고 여타 비즈니스에 적용할 것인가? 종족보존 본능, 친족선택…. 맞다!

아기 밥. 아기 국수. 아기 국.

장전에서 수업을 들은 많은 동지들이 이 캠페인에 참여한다. 각 브랜드의 분위기에 맞춰 아기 밥을 만든다. 가격은? 공짜! 여러 가지 이유가 있다. 내 집을 찾아준 고객이 가장 소중하게 생각하는 건 바로 자식이다. 위에서 언급한 종족보존 본능이 끼어든다. "고슴도치도 제 새끼는 함함하다고 한다."라는 말을 상기해보면 이해가 더 쉬울 것이다. 고객은 말 한마디에 녹는다.

"아이고 세상에, 사람이야 인형이야?"

"아기 모델 나가보라는 소리 많이 들으시죠?"

고객이 가장 소중하게 여기는 대상을 칭찬하고 아껴주고 또 맛있는 밥 한 끼까지 대접한다면 게임 끝. 더 이상 설명이 필요 없다. 당당히 적어주자. 메뉴판에 '아기 밥 무료입니다.'라고. 그리고 한 가지 더 치명적인 비밀을 공개한다.

다큐멘터리에서는 이 내용을 지적하지 못했다. 만약 폭주기관차가 나도 덮칠 수 있다면 아마 여러분이나 나나 1번 2번 가리지 않고 일단 내 목숨부터 선택했을 것이다. 본능이라고 분명히 말씀드렸다. 친척보다 중요한 게 바로 나다. 내가 없으면 그 어떤 존재도 의미가 없다. 이 생각을 좀 더 깊이 파헤쳐보면 아기 밥이나 아기 국수 그리고 아기 국이 주는 의미가 훨씬 더 커진다. 만약 아기 밥이 없다면 아내나 나의 음식을 덜어줘야 한다. 1인분을 더 시키자니 부담스럽고 남길 게 뻔하다. 어쩔 수 없이 충전해야 할 에너지의 일부를 아이에게 나눠줘야 한다. 게다가 잘 먹는 모습을 보고 있노라면 더 주고 싶다. 그게 부모의 마음이다. 내 양(위장의 우리말)은 못 채워도 자식은 더 먹이고 싶은.

여기서 질문 하나.

"아이에게 국수나 밥을 덜어준 부모의 만족도는 얼마나 될까?"

성인 남성 기준 1일 권장 섭취 에너지는 약 2,700kcal 정도다. 평균이 그렇다. 키가 크거나 체중이 많이 나가면 더 필요하다. 직업에 따라서도 에너지가 더 필요할 수 있다. 헌데 이를 다 채우지 못하고 가게 문을 나서야 한다면? 부모도 배가 고프기는 마찬가지다. 이 부모가 여러분 음식에 감동해서 다시 찾아올 거라고 보시는가? 어림없는 소리다. 필요 칼로리를 못 채운 부모는 뭔가 아쉬워 2차를 갈 수

어린이 리소토
(미취학아동제공/1인1개)
무료
부모님들도 이제 맛있는 밥!
드시고 싶은 메뉴!
마음껏 드세요^-^

계란죽(미취학아동제공 / 1인1개) ── 무료
부드러운 죽, 계란, 참기름을 넣어 만든 영양만점 애기죽
부모님들도 이제 맛있는 밥! 드시고싶은 메뉴!
마음껏 드세요^-^

@대전 이태리국시(위), 대전 반갱(아래)

아기 밥을 주는 집과 안 주는 집.
그 만족감의 차이는 2.5배다.
이제 아기 밥 안 주는 집은
딱 그만큼 손님을 빼앗길 수밖에 없다.

밖에 없고 결국 최종적으로 자신의 포만감을 채워준 마지막 브랜드만 기억한다.

아기 밥을 막 퍼주는 대상으로 생각해서는 곤란하다. 서비스를 하나 내더라도 관찰과 분석이 필요하다. 이걸 파악한 수강생들은 무료인 아기 밥에도 열과 성을 다한다.

정성스레 만 국수와 캐릭터 접시에 예쁘게 담긴 밥을 대접한다. 단, 애기 밥이다. 덩치 큰 어린이 데리고 가서 아기 밥 달라고 하시면 내 입장이 아주 곤란해진다. 염치 있는 고객이 넉넉한 오너를 만든다는 사실만 이해해주시면 좋겠다.

각설하고, 이렇게만 하시면 동네 가족 단위 손님은 싹쓸이할 수 있다. 어느 부모가 제 자식 예뻐하고 밥까지 챙겨주는데 다른 집을 갈 수 있겠는가? 더 무서운 것은 여기에도 손실회피 본능이 적용된다는 점이다. 주는 집과 안 주는 집. 그 만족감의 차이는 2.5배다. 이제 아기 밥 안 주는 집은 딱 그만큼 손님을 빼앗길 수밖에 없다.

쉿! 독자 분들만 비밀로 해주시기 바란다. 너도나도 다 알면 전략적 차별화가 아니다. 일단 시도하고 점유하고 브랜드로서 널리 알려지면 그때 살살 풀어주자.

반드시 명심할 것이 하나 있다.

'아기 밥 무료' 만들어놓고 아기 나이를 물으면 그건 바보다. 만약 기준까지 만들어서 "애기가 몇 살이에요?"라고 물으면 상당수의 부모들은 거짓말을 할 수밖에 없다. 그러니 묻지도 따지지도 말고 주시라. 세상에서 제일 귀여운 아기라는 칭찬과 함께.

빠져나가는 손님을 막는 법

어떻게 하면 지속적으로 매출을 올릴 것인가?

정말 많은 분들이 궁금해한다. 어찌 보면 이 책의 모든 것이라고도 할 수 있다. 이 노하우만 터득한다면 평생 동안 비즈니스에서 승자로 남을 수 있다. 그래서 공개한다. 매출에는 공식이 있다.

매출＝객수×판매단가×빈도

더 복잡한 공식도 많지만 이 정도만 알고 있어도 영업에 지장은 없다. 이제 우리는 제일 앞의 객수에 집중해보려고 한다. 어차피 손님이 와줘야 매출이 오르든지 말든지 할 것 아닌가!

객수는 기존 고객에 신규 고객을 더한 다음 다시 떨어져나가는 손님을 빼면 된다. 학자마다 이견이 있지만 이 정도면 자영업자가 이해하는 데 부족함이 없을 것이다. 기존 고객은 말 그대로 기존에 와주던 단골 같은 존재를 말한다. 이분들이 열성 당원이고 가게가 버틸수 있게 해주는 최고의 연료이다. 헌데 아쉽게도 우리는 단골을 모시는 문화가 그리 탄탄하지 못하다.

어느 강연장이건 "고객 리스트 가지고 계신 분?" 하고 물으면 기껏해야 10~20% 정도만이 조용히 손을 들고 나머지는 시선을 피한다. 도대체 무슨 배짱일까? 나의 집을 찾아준 고객 리스트를 가지고 있지 않다니! 신메뉴가 나오면 어떻게 알릴 것이고 이벤트라도 한다면 무슨 재주로 홍보하겠단 말인가.

이분들은 아마도 '기존고객 대 신규고객'의 비율이 4:6 혹은 6:4 정도라는 사실을 모르고 있는 게 분명하다. 이 세상 어느 누가 40~60%의 고객을 잃고 비즈니스를 성공시킨 적이 있느냐 말이다. 괜히 "단골을 만들어라." "단골을 챙겨라." "단골에게 뭔가 작은 선물이라도 해줘라." 외치는 게 아니다. 이 외에도 고객 리스트나 연락처가 필요한 이유는 수십 가지도 더 된다. 그럼에도 불구하고 이 보물 같은 고객 리스트를 확보하고 있지 않은 매장이 이리 많은데 어찌 놀라지 않을 수 있겠는가.

고객이 떨어지기라도 하면 곧바로 푸념이 터진다. 그리고 홍보 마케팅 수단을 찾아 고민 고민한다. 홍보 대행사나 SNS 마케팅 업체, 유명 블로거나 인스타에 줄을 대기 위해 애를 쓰는데 앞뒤가 안 맞아도 한참 안 맞는다. 신규 고객을 늘려보려는 각오란 건 알겠다. 옛말에 "밑 빠진 독에 물 붓기"라는 말이 있다. 이 지경을 두고 이르는 말 같다. 신규 고객을 늘리려 아무리 발버둥 쳐도 기존 고객이 유실되면 말짱 도루묵이다. 국어, 영어 잘하는 학생이 수학 성적 올려보겠다고 밤샘했다가 잘하던 두 과목마저 망치는 것과 같다.

신규 고객을 늘리고 싶다면 일단 여태 나를 보살펴주고 먹고 살게 만들어준 단골부터 챙길 일이다. 자, 그럼 어떤 방법을 써야 한 번이라도 방문한 고객을 내 편으로 만들 것인가? 뇌과학자들은 인간은 습득한 정보의 80%가량을 72시간 안에 잊어버린다고 이야기한다.

아무리 우리 집 음식이 뛰어나고 '가만비'(가격 대비 만족비)가 좋아도 매일 찾기는 쉽지 않다. 이 사실은 여러분도 이미 알고 계신다. 뭔가 특단의 조치가 필요하다. 사랑하는 제자들에게만 가르쳐주는 힌트는 고객 관리 프로그램에 가입하라는 것이다.

나를 잊은 고객, 나를 잊을 수밖에 없도록 설계된 고객의 뇌에 나의 존재를 알리고 구매행위로 이어지게끔 유도하는 아주 훌륭한 시스템이다. 일반적으로 두어 달 정도 운영하면 10% 이상 매출이 상승한다. 홍보나 마케팅의 핵심은 판매가 아니고 관계 형성에 있다. 일방적으로 불쾌하게 날아오는 광고성 안내 글들은 결국 연락처 차단이라는 극단적 결과를 가져온다.

생각해보시라. 누군가 당신에게 허락도 받지 않고 달랑 한 번 찾아

갔다는 이유로 두서도 없는 글 공작을 펼쳐온다면 성실히 답장을 하시겠는가? 어림없는 소리다. 어영부영한 문자를 보내는 것은 내가 사랑하는, 꼭 다시 와줬으면 하는 고객과의 연결 고리를 끊겠다는 굳은 의지나 다름없다.

그러니 함부로 "안녕하세요. ○○참치 잠실점입니다…" 같은 초보적 메시지는 보내지 말자. 눈치가 9단인 고객은 '아 단체로 보낸 문자구나.' 금방 알아차린다. 대신 '김성근 고객님을 위해 할인쿠폰을 보내드립니다', '다른 고객 말고 우리 가게 단골이신 이지혜 고객님의 생일만 챙깁니다' 같은 치밀하고도 은은한 작전이 필요하다.

고객 관리 프로그램은 3가지 장점을 가지고 있다. 브랜드 존재의 알림, 애정을 가지고 있다는 은근한 암시, 방문만 하면 누릴 수 있는 금전적 혜택 공지.

한 발 더 나아가 신메뉴가 만들어지는 동영상이나 식재료를 찾아 떠난 주인장의 노력까지 동영상으로 담아서 보내준다면 그 효과는 배가될 것이다. 잊지 마시라. 고객은 오늘 당장 무엇을 먹어야 할지 고민이다. 그런 고객의 고충을 당신이 요령껏 해결해준다면 일거양득 아니겠는가? 그러니 망설이지 말고 당장이라도 시스템을 도입하고 고객 리스트를 확보하자. 그것만이 살 길이다.

인증샷이 친절을 증명한다

"만석이 되면 CCTV 인증샷을 찍어 SNS에 올려주세요."

"웨이팅이 걸리면 따끈한 차라도 한 잔 대접하시고 꼭 사진 찍어 올려주세요."

고객님 얼굴에는 스티커를 붙이거나 모자이크 처리해달라는 당부도 잊지 않는다. 나와 관련 있는 오너들은 잊지 않고 매일 저녁 7~8시면 그날 날짜가 찍힌 CCTV 화면을 캡처해서 인스타그램이나 페이스북에 올린다. 감사하다는 인사와 함께. 이 한 장의 사진이 가져올 여파는 크다.

손님들이 바글바글 매장을 채운 것도 모자라 가게 밖까지 길게 줄선 식당과 별 다른 노력 없이 마냥 고객을 기다리기만 하는 집. 여러분이라면 어느 곳을 선택하시겠는가? 인기는 우기는 게 아니다. 입증하는 거다. 명백한 증거를 가지고 보여줘야 고객은 믿는다. 진정한 친

젊은 고객이 여러분과 여러분의 브랜드를 의심하지 않게 만들어주는 것이라고 했다. 후회할 선택을 하면 어떡하지? 만약 손해라도 본다면? 고객에게 그것은 끔찍한 일이다. 그래서 충분히 검색해서 비교하고 분석한 뒤에야 갈지 말지를 결정한다. 또 결정했다고 해서 그 의심이 다 풀린 것도 아니다. 굳은 각오를 하고 현장에 도착해서까지 의심의 눈초리를 보낸다. 어디 한번 두고 보자 하는 심정으로 말이다.

이럴 때 CCTV로 일거수일투족을 다 확인할 수 있다면 그런 고민은 사라질 것이다. 하지만 보이지 않는다. 인간은 시각을 통해 83%의 정보를 습득한다. 그러니 보이지 않는 건 믿지 않고 의심하게 된다. 지극히 자연스러운 일이다. 그 배경에는 바로 절대로 손해 보고 싶지 않다는 손실 거부 본능이 존재한다. 그렇다면 여러분의 고객은 무엇을 의심할까?

1. 진짜 좋은 재료일까?
2. 지하수나 수돗물로 대충 세척하는 건 아닐까?
3. 주방의 위생 상태는 양호할까?
4. 이 거래에서 손해 보는 건 아닐까?
5. 진짜 인기 있는 집일까?

이 외에도 수백 가지를 의심하고 궁금해한다. 그러니 진정한 장사의 신이 되고 싶다면 이 의심을 하나하나 풀어주자.

　　　　　　　　　　　　　　4 고충 해결사가 돼라

1. 재료를 구입하는 과정을 사진이나 동영상으로 매장과 SNS에 공개하고,
2. 메뉴판에라도 정수기를 쓰고 있다는 모습을 보여주고,
3. 식중독 예방을 위해 살균 도마와 자외선 살균기를 비치하고,
4. 경쟁 브랜드와 비교해서 누릴 수 있는 혜택을 나열(마일리지 서비스 혹은 포인트 등)하고,
5. 만석. 웨이팅 등 현장 팩트 사진을 SNS에 올리자.

결국 고객의 마음을 사로잡고 지갑을 열게 할 수 있는 진정한 친절은 의심을 안심으로 바꿔주는 거다. 혹시 잘못된 선택이 아닐까 불안에 떨지 않도록 '후회하지 않을 선택 5가지'를 찾아 가르쳐주자. 고객은 자신이 가지고 있는 의심을 정리하지 못한다. 이때도 자극이 중요한 역할을 한다.

밥을 먹는 내내 혹은 숙박업소에 머무는 내내 그리고 병원에서 대기하고 치료를 받는 동안 '당신은 지금 이런 것들을 의심하고 있죠?' 하는 항목들을 조목조목 일깨워주고 그 대안과 증거를 제시해서 안심하게 만들어주자. 기왕이면 나머지 경쟁자들을 완전히 무너뜨릴 수 있는 멘트 한마디도 추가해서.

"남들은 수돗물로 밥을 지어도 장사만 잘된다고 합니다. 남들이 안 해도 우리는 합니다. 초'밥'이기 때문에 밥이 제일 중요하다고 생각합니다."

스시부쿠로 함승규 대표의 이 세 문장이 고객의 뇌를 사로잡고 있다는 건 안 비밀.

집에서 만들기 까다로운 음식에
주목하라

일확천금을 노리는 분들이 많다. 뭐 좀 근사한 아이템 없냐고 물어오니 참으로 난감한 노릇이다. 왜 다들 지름길만 찾으시는지. 20~30년 동안 묵묵히 걸어오신 분들 성질나게 말이다. 이런 질문을 하도 많이 받다 보니 오기가 생겨서 분석을 시작했다. 우리는 외식이 전공이다. 그렇다면 고객들은 밖에서 어떤 메뉴를 주로 먹을까? 남녀노소 불문하고 이 교집합만 찾아낸다면 답이 있지 않을까?

언젠가 칼럼에 이런 내용을 쓴 적이 있다.

집에서 자주 해먹기 어려운 생선구이 같은 아이템이 오피스 타운에서 먹힐 것이라고. 꽤나 잘 들어맞은 예측이었다. 예측은 점을 치는 게 아니다. 현재를 기준으로 분석하고 그 분석을 토대로 미래를 예상해보는 것이다. 샐러리맨들은, 특히 남성들은 생선구이를 좋아한다. 그리고 생선구이 하면 어머니나 할머니가 제일 먼저 떠오른다. 부지깽이로 연탄아궁이를 꺼낸 뒤 석쇠를 올리고 고등어며 갈치를 구워주시던 분….

우린 음식을 통해 추억을 먹는다. 그런데 생활환경이 바뀌다 보니 생선을 굽는 게 만만치 않아졌다. 두 번만 구웠다가는 반상회에서 요주의 인물이 되기 십상이다. 그래서 다들 눈치 보며 먹거나 아예 집밥에서 제외시켜버린다. 곰탕도 마찬가지다. 여차하면 사골과 잡뼈를 사와 들통으로 식구들을 위협하던 어머니도 종적을 감췄다. 그런 덕에 이런 메뉴를 다루는 집들은 상대적으로 불황에 강하다.

집에서 해먹기 어려운 음식에는 공통점이 있다.

1. 시간이 오래 걸리는 음식
2. 재료 손질이 번거로운 음식
3. 식재료가 많이 남는 음식
4. 조리가 어려운 음식
5. 아이들과 호불호가 갈리는 음식
6. 이웃에게 민폐를 끼치는 음식

그리우면 먹어야 한다. 희한하게도 조리하기 번거로운 음식일수록 자꾸만 땡긴다. 지속적인 인기 몰이를 하고 있는 녀석이 바로 돈까스다. 얼마나 많은 업장에서 돈까스를 다루고 있는가! 지금 이 시간에

4 고충 해결사가 돼라

도 돈까스 집은 또 생기고 있다. 사실 이 안에는 비밀이 하나 숨어 있다. 사람이 쉽게 끊지 못하는 영양 성분이 가득하다. 지방, 단백질, 나트륨 그리고 당분. 종합선물세트처럼 이걸 다 품고 있는 친구가 바로 돈까스다. 게다가 튀김이라는 아주 복잡하고, 번거롭고, 비용이 많이 든다고 생각하는 조리법도 인기에 단단히 한몫을 한다. 외식으로서 이만한 자격 요건을 갖춘 아이템은 드물다.

휴게소든 푸드몰이든 식당가든 돈까스가 들어가면 기본적으로 매출 순위 3위 안에는 든다. 기름 3번씩 재사용 안 하고, 새 기름 헌 기름 섞어 쓰기 안 하고, 최하위 등급 양배추 쓰지 않는 이상 기본은 하는 아이템이 바로 돈까스다. 여기에 집에서 해먹기 정말 번거로운 나물 비빔밥 같은 녀석을 추가로 매칭한다면 그야말로 금상첨화.

아마도 김유진의 장사 시리즈를 읽고 계신 훌륭한 독자라면 한우 된장전골에 돈까스, 그리고 돈까스와 셀프 비빔밥을 매칭해 부러움을 사고 있는 두 분의 사장님 이야기가 떠오르실 거라 믿는다. 두툼한 돈까스와 비빔밥, 된장전골. 어떤 것을 시켜도 단일 메뉴로 6,000원에서 8,000원은 지불해야 하는 음식이니 나머지 하나는 공짜로 먹는 셈이다. 그러니 안 넘어올 손님이 있겠는가! 가격을 무너뜨리지 않으면서 고객의 뇌를 마사지하는 스킬, 아무나 구사하는 게 아니다. 더욱 중요한 것은 모두 집에서 해먹기 만만치 않다는 사실이다. 아마도 에티오피아산 아메리카노까지 번들로 구성한다면 더욱 무서워지겠지! 정신 바짝 차리고 주목하자.

집에서 해먹기 힘든 음식

직접 해먹는 게 돈이 더 든다고 생각되는 음식

그것도 달랑 하나가 아니라 두어 가지가 함께 나온다면?

먹고 나서 가족 생각이 간절해 포장까지 이어지는 음식

답은 이 공식 안에 숨어 있다.

보여주지 않으면 믿지도 않는다

2000년대 초반까지만 해도 서비스업이라고 하면 그저 친절하면 되는 줄 알았다. 친절의 기준이 무엇인지 정확하게 감은 잡히지 않지만 친절을 매뉴얼로 만들고 그대로 시행하면 고객이 마구 찾아와 지갑을 열고 매출이 오르는 줄로 이해했다. 그 덕에 '친절' 하면 매뉴얼이 제일 먼저 떠오르고 전화, 미소, 공무원, 직장인, 솔선수범, 예절 등의 단어가 그 뒤를 따라붙었다. 결과는 내다볼 수 없으나 지금 당장 하지 않으면 뭔가 꺼림칙하니 사례를 분석해서 책자를 만드는 지자체도 많았다. 그러나 이건 친절의 '친' 자도 모르는 소리다.

평창 동계 올림픽을 앞두고 한국관광공사로부터 강연 의뢰를 받았다. 친절 토크 콘서트를 통해 자영업자들에게 진정한 친절의 의미를 보여주고 싶다고. 흔쾌히 답을 하고 분석에 들어갔다. 매뉴얼을 따르는 행위 자체가 나쁜 건 아니다. 단, 이건 고객을 일반화했을 경우에만 가능한 일이다. 평준화된 고객이어야 고정화된 서비스 매뉴얼이 효과를 발휘한다.

그러나 이제는 고객을 일반화해서는 절대로 살아남을 수 없다. 더 중요한 사실은 친절은 제공자가 판단하는 것이 아니라 받아들이는 고객이 평가하는 거란 점이다. 접객 서비스에서 눈꼬리를 5도 더 올리고, 입을 2.4cm 더 찢어 미소를 만들고, 허리를 92도에 맞춰 구부리고, 오른손을 왼손 위에 올려 '뤼스펙트'를 보이는 건 큰 의미가 없다.

진정한 의미에서의 친절은 고객의 '의심'을 없애주는 거다. 구매 자제력으로 무장하고 돈 내는 것을 가장 불편함으로 느끼는 고객에게 친절은 '당신의 선택이 절대로 틀리지 않았다. 후회할 필요가 단 0.1%도 없다.'는 사실을 확실히 보여주는 것이다.

여기서 왜 보여준다고 썼는지 아시겠는가? 보여주지 않는 건 고객이 느끼는 친절 리스트에서 제외되기 때문이다. 전작《장사는 전략이다》에서도 살짝 언급한 적이 있다. 고객은 보이는 것만 믿는다고. 아무리 최고의 재료로 최선의 요리를 만들었다 해도 그 과정을 직간접적으로 보여주지 않으면 고객은 넘어오지 않는다. 우려하고 의심하는 것을 없애주는 모든 행위, 이게 친절이다.

친절의 한자는 '親切'이다. 친할 친, 마디 절(끊을 절). 국어연구원에서도 "어원에 대한 설은 여러 개 있을 수 있습니다만 어원 정보가 없어 명확한 답을 드리기 어렵습니다."라고 답을 하는 단어다. 이 책에

4 고충 해결사가 돼라

서는 일본 유래설을 따라가 보자. 막부 시절, 심각한 실수를 한 사무라이들은 할복자살이라는 극단적인 선택으로 책임을 대신했다. 스스로 복부를 찔러 자결한다는 건 정말 고통스럽고 어려운 일이다. 잔인할 정도로 천천히 고통을 느끼며 죽어가기에 쉽게 선택할 수 있는 일이 아니었다. 이때 절친한 동료나 심복이 고통을 없애줄 심산으로 목을 쳐서 목숨을 끊어주는 걸 친절이라고 했다. 기원이 어디서 어떻게 왔던 간에 명확한 사실 하나는 짚고 넘어가자.

"친절은 남의 고통을 없애주는 일이다."

인간이 느끼는 고통은 여러 가지다. 시각·청각·후각·미각·촉각 모두 고통을 느낀다. 그중에서도 가장 큰 고통은 후회다. 잘못된 선택의 순간을 떠올리면 자기 허벅지를 100번쯤 꼬집고 싶을 정도로 아파진다. 후회 말고도 크게 고통을 느끼는 또 하나의 순간은 내가 가진 돈을 지불할 때다. 입이 쓰다. 뇌가 오그라드는 것 같다. 그래서 신용카드를 만든 것이 아닌가 싶을 정도로 지불에는 고통이 따른다.

뇌과학자들에 따르면 신체적 아픔에 반응하는 뇌 부위가 현찰을 지불할 때도 똑같이 반응한다고 한다. 이처럼 돈을 지불하는 행위만으로도 고통을 느끼는데 손해까지 봤다면? 고객은 다 안다. 이전의 경험들을 바탕으로 내가 지불하는 금액이 합당한지를 매 순간 의심한다. 그리고 확인한다. 옆집은 커피를 시키면 수제 쿠키를 내주는데 내 집에서는 그런 서비스가 없다? 그럼 2배쯤 아파진다. 지난번 회식했던 고깃집에서는 다음 날 감사하다고 스타벅스 커피 쿠폰을 보

@대선 내 집

장애인을 위한 출입구를
하나 더 만드는 친절과 배려.
"친절은 남의 고통을 없애주는 일이다."

4 고충 해결사가 돼라

내왔는데 내 집에서는 입을 싹 씻는다? 경쟁자들은 마일리지도 적립해주는데 우리는 카운터에서 누룽지 사탕으로 때운다? 아, 이러면 심각해진다. 고통 정도가 아니라 고객의 뇌에서 쥐가 날지도 모를 일이다.

그럼 이제 간단해진다. 고객이 고통을 느끼지 않게 하려면 선택에 대한 후회, 지불에 따른 고통을 없애주면 된다. 이것이 진정한 친절이다. 전략을 디테일하게 짜면 고객은 고통도 느끼지 못하고, 후회하지도 않고, 무척이나 친절하다고 판단해서 재구매에 나선다. 고객을 진정으로 사랑하고 있다는 사실을 말없이 보여줄 장치들을 깡그리 찾아보자.

인사말, 일회용 앞치마, 생수병, 2개의 숟가락, 시그니처 메뉴는 기본이고 어떤 재료로 누가 어떻게 만드는지 보여주는 것이 중요하다. 이건 파사드에 거는 비주얼커뮤니케이션과는 차원이 다르다. 전면에 거는 동영상이나 이미지가 직관적이고 군침 돌게 하는, 즉 내가 파는 메뉴의 칼로리를 부각시키는 것이라면 친절은 눈에 보이지 않는 부분을 드러내는 것이다. 직원이 밝게 웃으며 주문을 받은 다음 테이블 위에 있는 패드의 버튼을 누르고 잰걸음으로 주방 쪽으로 향한다. 그 사이 패드를 통해 주인장이 소금을 사러 염전을 뒤지고, 젓갈을 고르기 위해 토굴을 탐방하고, 양질의 쌀을 구매하기 위해 농부를 찾는 모습 등을 가감 없이 보여줄 필요가 있다.

구해온 재료를 초음파나 50도씨 고온 세척법으로 씻고, 살균한 도

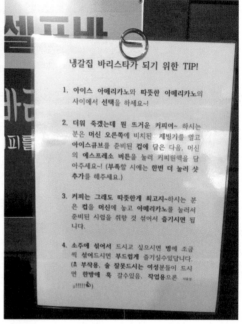

고객을 진정으로 사랑하고 있다는 사실을
말없이 보여줄 장치들을 깡그리 찾아보자.
언제까지 누룽지 사탕으로 때울 수는 없는 일 아닌가?

마에서 자르고 다듬고, 지지고, 볶고, 삶고, 굽고, 튀기고, 찌는 모든 과정을 음식을 기다리는 사이에 보여주는 거다. 고객의 의심과 불안, 손해 볼지도 모른다는 고통에서 해방시켜주는 게 진정한 의미의 친절이다.

숙박업을 하는 분들 수백 명을 모시고 스팀 청소기로 욕실을 청소하자고 제안했다. 고객 입장에서 생각해보자. 호텔 특히 모텔의 경우 남성은 침대나 TV를 먼저 확인하지만 여성은 욕실 또는 화장실을 먼저 훑어본다. 바로 전에 어떤 불량한 손님이 이 공간을 썼을지도 모른다는 불안과 의심 때문이다. 그러면 의심하지 않게 보여주는 거다. 욕실 문에 코팅한 안내문 한 장을 붙이자. 스팀 청소하는 사장님 사진과 함께.

"이 세상에는 두 종류의 모텔이 있습니다. 여성 고객을 위해 스팀 청소기로 살균하는 집과 그냥 세제로 청소하는 집."

그룹핑으로 비즈니스계를 둘로 나눠버리는 거다, 과감하게. '나 이외에는 아무도 하고 있지 않을 걸?'이라는 암시를 주자는 소리다. 또 있다. 스타일러. LG에서 개발한 이후 여러 곳의 숙박업체와 와인 전문점, 한정식, 일식집, 미용실 등 참 많은 곳에 추천했고 업주들은 그 행복을 만끽하고 있다.

굳이 행동경제학까지 들추지 않아도 이건 친절이다. 더 줘서 친절이 아니라 고객의 고통과 의심을 없애줬다는 데서 친절이다. 백 마디

고객의 의심과 불안, 손해 볼지도 모른다는
고통에서 해방시켜주는 게 진정한 의미의 친절이다.
더 주는 게 친절이 아니라
고객의 고통과 의심을 없애주는 것이다.

말로는 먹히지 않는다. 아무리 노력을 강조해도 그걸 보여주지 않는다면 고객의 의심으로부터 자유로울 수 없다.

자, 마지막으로 쐐기를 박을 차례다. 친절에서 가장 강력한 무기는 뭐니 뭐니 해도 '우리 집이 얼마나 인기가 있는지' 보여주는 거다. 요새 자영업 오너들은 스마트폰을 통해 24시간 매장을 지켜볼 수 있다. 이걸 캡처하면 된다. 물론 손님이 있는 경우다. 좌석을 가득 메운 고객들, 직원들은 분주히 서빙하고 밖에는 웨이팅이 걸려 있는 바로 그 사진을 증거로 삼아야 친절이 완성된다. 또 있다. 우리 제품과 서비스를 즐기고 만족한 고객들의 댓글 등을 공유하며 우리 집이 얼마나 인기 절정인지 한 번 더 증거를 제시하자.

다시 한번 강조한다. 보여주지 않으면 믿지 않는다. 이게 친절이다.

고객에게 등을 보이지 마라
스타벅스의 각성

스타벅스는 공룡이다. 무섭다. 규모도 그렇고 인지도도 그렇고 팬덤도 그렇다. 단, 한국에서는 문화를 팔고, 본토에서는 카페인을 판다는 이야기는 상징하는 바가 크다. 커피는 각성을 위해 마시는 음료다. 그런 본질에 충실한 게 스타벅스다. 이곳의 커피를 마시고 나면 유난히 머리가 쨍해진다. 그런 이유에서일까 스타벅스 전국 매장 중 매출이 가장 높은 곳은 인천공항 중앙점이다. 아무래도 잠을 깨고 싶은 사람들이 많아서일 게다. 다음으로는 서울 광화문과 무교동, 센트럴시티, 코엑스몰 등이 탑 5를 지킨다. 다 잠을 깨고 싶은 고객이 많은 지역이다.

커피는 카페인이 아주 중요하다. 그저 쓴 커피가 아니라 카페인이 빵빵하게 함유되어 있는 커피, 각성 작용을 제대로 발휘하는 커피가 중요하다. 수업을 듣는 분들 중 카페를 운영하는 오너들이 꽤 된다. 그러면 딱 2가지만 찍어준다. 바로 카페인과 각도.

각도 이야기를 하려면 반드시 등장하는 브랜드가 하나 있다. 스타벅스 팬들조차 인정하고 서서히 '고객 이동'을 준비하고 있는 블루보틀이다. 입소문의 속도가 심상치 않다. 커피계의 애플, 블루보틀은 2002년 캘리포니아 주 오클랜드의 한 차고에서 교향악단의 클라리넷 연주자인 제임스 프리먼이 창업한 회사다. 핸드 드립을 무기로 내세웠다. 로봇처럼 짜내는 커피가 아니라 느리게 느리게 천천히 내려주는 커피는 퍼포먼스와 맛으로 감동을 주었고 무서운 속도로 팬덤을 구축했다.

스타벅스와 블루보틀의 콘셉트는 완전히 다르다.

블루보틀은 심플하고 고객이나 직원 모두 커피에 집중할 수 있는 분위기다. 처음 찾았던 미국과 일본의 블루보틀 매장에서 소스라치게 놀랐다. 온몸에 닭살이 돋을 정도였다. 이들은 매장에 들어선 나와 커뮤니케이션을 하는 순간부터 커피를 건네주고 마무리할 때까지 거의 등을 보이지 않는다. 그들의 온도와 향은 커피의 그것과 너무나 닮아 있었다.

주문이 끝나기 무섭게 휙 돌아서서 등을 보인 채 커피 머신과 씨름하는 일반적인 커피숍의 모습과는 길이 달랐다. 커피 만드는 방식이 다르니 당연히 그럴 수밖에 없는 것 아니냐며 웃어넘길지도 모르겠다. 하지만 시간이 다소 더 걸리더라도 고객 입장에서는 내가 돈을 지불하고 마실 커피를 내 눈앞에서 보란 듯이 내려주는 모습이 훨씬 더 가치 있게 느껴진다.

그들은 가끔 내 눈을 바라보면서 미소를 보내기도 하지만 시종일 관 드리퍼에서 눈을 떼지 않는다. 작품을 만들듯 뜨거운 물을 아주 조심스럽게 부어가며 커피의 반응을 살핀다. 이렇게 내린 커피를 아무렇게나 받는 손님은 없다. 자신을 위해 열과 성을 다해 내려준 커피를 두 손으로 받아 사뿐히 매장을 걸어 나간다.

스타벅스는 충격에 빠졌다. 그리고 문제를 찾기 시작했다. 다윗에게 한 방 먹은 꼴이었지만 골리앗은 그리 쉽게 무너지지 않는다. 일본 도쿄의 긴자. 최근 핫하다고 소문난 긴자식스 건물에 자리 잡은 스타벅스 리저브 바. 그곳에서는 새로운 스타벅스가 시작되고 있었다. 원두의 가격이 만만치 않다. 헉 소리가 난다. 하지만 비교할 상대가 없으니 가격 결정권은 오롯이 스타벅스 리저브의 몫이다. 스페셜티 커피는 그저 거들 뿐.

'대중 커피의 고급화 선언!' 이 정도로 정의하기에는 진화의 DNA나 그 정도가 상상할 수 없이 크다. 주문 방식부터 이전과는 확연히 다르다. 커피 종류와 크기만으로 진행되던 주문 프로세스에 꽤 복잡하지만 고객을 배려한 단계들이 추가되었다. 원두와 커피 추출 방법까지 선택이 가능하다. 바리스타가 원두 향을 맡게 해주는 건 전혀 새로운 방식이다. 이제껏 고객이 알아서 판단하고 결정하던 행동에 직원의 관여가 이루어진다. 그럼 가치가 올라간다는 사실을 이 양반들도 알아챈 모양이다.

아차, 그러고 보니 공간 배치도 예전의 스타벅스가 아니다. 벽을 기대고 쭉 늘어서 있던 구조 대신 아일랜드 식탁처럼 디귿 자나 미음 자로 공간을 구성했다. 훨씬 입체적으로 보인다. 일렬로 서서 "열중쉬엇!" 하는 듯한 자세는 어디에서도 보이지 않는다. 대신 내 말에 귀기울여주는 스태프들만이 가득하다.

커피 내리는 걸 보고 싶냐는 질문이 가장 반갑다. 사진도 찍어야하고 또 고객 입장에서 확인도 하고 싶던 차였는데… 원두마다 지정 바리스타가 따로 있어 전문성을 보인다. 이 친구와의 커뮤니케이션이 아주 소중했다. 거의 모든 질문에 성실하게 답을 한다.

이전 스타벅스 바리스타들은 자기가 하워드 슐츠 같았다. 웃음 없고, 딱딱하고, 사무적이고… 지나치게 일방적이었는데 리저브 바는 달랐다. 바리스타는 완장 찬 벼슬이 아니다. 고객의 만족을 위해 스스로 택한 길이다. 그걸 우리는 잊고 있었다. 커피가 완성되자 이 착한 친구가 먼저 맛을 본다. 슈으읍~ 그러곤 말없이 환하게 웃는다. 만족스럽게 커피가 내려졌다는 무언의 신호다. 더 이상 무슨 말이 필요하겠는가! 아주 오랜만에 두 손으로 커피를 받아들고 인사를 건넸다.

"오츠카레 사마데시타!"

"고맙습니다." 대신 "수고하셨습니다."라는 인사말이 나도 모르게

@블루보틀

블루보틀은 고객이나 직원 모두
커피에 집중할 수 있는 분위기다.
직원들은 고객과 커뮤니케이션을 하는 순간부터
커피를 건네주고 마무리할 때까지 거의 등을 보이지 않는다.

4 고충 해결사가 돼라

튀어나왔다. 그의 노동력에, 설명에 그리고 친절의 온도에 돈을 지불한 것이다. 한 푼도 아깝지 않았다.

등 이야기를 꺼낸 데는 다 이유가 있다. 뒤통수를 얻어맞기 싫다면 절대로 고객에게 등을 보이지 마라. 등을 보이는 순간 비수가 꽂힐 테니 말이다.

5

"왜?"라고
3번 물어라

설계하고
현실화하기

"왜?"라고 3번 물어라

"매출이 오르지 않아요."

"사람 구하기가 너무 힘들어요."

"임대료 바가지 쓴 거 같아요."

수도 없이 이메일과 문자로 날아드는 사연들…. 한마디로 정리하면 '돈을 벌고 싶다'다. 투자 대비 건지는 게 별로 없으니 속이 상하고 혈압이 오른다. 안 그래도 밥맛없는 세상에 입맛이 여간 쓴 게 아니다.

일반 자영업자들은 고민이 생겨도 물을 곳이 없다. 감독도 코치도 매니저도 없이 뛰는 게임이라 그렇다. 그나마 교육기관이라도 다니는 분들은 스승이나 동료라도 생기지만 1인 매장은 언감생심 꿈도 못 꾼다. 매출이 오르지 않는다고 주변 상인들과 소주잔을 기울여 봐도 답이 나오지 않는다. 다 고만고만한 고민과 질문을 가지고 있기에 답도 거기서 거기다. 아파도 아프다고 하소연하고 기댈 벽이 없다.

이때 필요한 것이 바로 "왜?"라는 질문.

해답은 이 단어 속에 숨어 있다. 이 녀석이 응급 치료제 역할을 톡톡히 한다. '왜'를 3번만 물으면 실마리가 풀리고 막연했던 고민도 구체적으로 가닥이 잡힐 것이다.

첫째, "왜 매출이 오르지 않는 걸까?"

이 질문에 대한 답은 바로 전 단계를 뒤져야 찾을 수 있다. 추상적이고 애매모호하게 "맛이 없어서", "불친절해서", "꼭 가야 할 이유가 없어서." 이런 식은 곤란하다.

매출이 오르지 않는 이유는 '손님이 없어서'다. 손님이 주기적으로 오면 웬만해선 매출이 줄지 않는다. 그렇다면 "왜 손님이 오지 않을까?" 두 번째 '왜'가 시작된다. 가슴에 손을 얹고 생각해보자. 왜? 도대체 왜? 다른 집에 비해서 혜택을 주지 못하니까. 무슨 혜택? 고객은 같은 가격이면 권위나 서비스, 친절, 푸짐함, 분위기, 마일리지 등으로 가득 찬 집을 선택한다. 시간과 돈을 낭비해가면서까지 어설픈 주인장을 응원하러 갈 여유가 고객에게는 없다.

반복한다. 고객은 아마추어에게 너그럽지 못하다. 그렇다면 "왜 우리집은 고객에게 혜택을 주지 못하는 것일까?" 세 번째 '왜'다. 고객이 원하는 것도 모르고, 또 겉으로는 아니라고 손사래를 치지만 끊임없이 계산하기 때문이다. 대출금, 임대료, 보증금, 식재료, 인건비… 그러니 도저히 새롭고, 놀랍고, 다시 찾을 재미를 줄 수 있는 무기를 더 내놓을 수 없는 것이다. 칼국수나 곰탕에는 김치 두 종류, 백반에는 6~7찬, 삼겹살집에서는 고기, 상추, 명이, 파절이, 찌개, 젓갈. 이것보다 더 주고 싶지만 뇌에서 말린다. 그러다 큰일 난다고. 헌데 이 녀석이 다른 매장에 가면 180도 바뀐다.

"아이고 달랑 김치만 주고 말어? 청계산 가보니 보리밥도 내주던데. 열무김치랑 비벼먹으라고."

당연한 거 아니냐고? 남들도 다 나처럼 준다고? 그러니 3년 안에 85%가 문을 닫는 것이다. 이제는 당연한 걸 지킬 때가 아니다. 고객을 내 편으로 만들기 위해서라면 무슨 짓이든 해야 할 타이밍이 왔다. 고객들이 지불하는 금액보다 작은 가치를 돌려드리면 당신은 반드시 머릿속에서 하얗게 지워진다. 굳이 당신의 식당이 아니어도 갈 곳은 차고 넘치니까.

더 질문해보자.

왜 사람이 안 뽑히느냐고? 직원이 일하고 싶은 직장이 아니니까. 왜 일하고 싶은 직장이 아닐까? 일하는 재미가 없으니까. 왜 재미를 못 느낄까? 남들 주는 만큼만 주고 발전 가능성도 없으니까.

사장보다 점장에게 월급을 더 많이 주는 발산 삼계탕 같은 곳은 말로만 '가족'이라 하지 않는다. 식구는 진정으로 그의 미래를 챙겨준다. 외식 교육을 보내면서 비용도 지불하고, 그 자리를 다른 인원으로 보충하고, 그의 성공을 빌어준다. 왜 고객도 직원도 안 따르는지 당신은 이미 해답을 알고 있다.

가족같이 대해주겠다는, 말로만 하는 약속 따위는 의미가 없다. 더 주면 된다. 더 주고 더 많이 벌면 된다. 이 불경기에도 잘나가는 CEO들은 점장이나 직원을 전문 교육기관에 보내 위탁교육을 서슴지 않는다. 점장 교육에서 만난 친구들은 대부분 꽤나 주목 받고 있는 브랜드의 직원들이다.

이들의 눈에서는 레이저가 나온다. 교육받을 기회를 준 오너에게 은혜를 갚겠다는 게 아니다. 제대로 된 서비스와 마케팅을 배우겠다는 열정이 겉으로 드러나는 것이다. 한번 생각해보자. 당신이 손님이라면 이런 전문적인 교육을 받은 직원이 서빙하는 곳과 없는 곳 중 어디를 선택하겠는가?

시간당 1,000~2,000원에 벌벌 떠는 사장들은 절대로 이해하지 못할 무서운 전략이다. 이렇게 큰 직원들은 종국에 어찌 되는지 궁금하시리라. 세컨드 브랜드를 만들거나 직영점을 내면 0순위로 차출되어 나간다. 그것도 아주 좋은 조건으로 격상되어서 말이다.

1965년 이래 한 번도 적자를 내본 적이 없는 미라이 공업의 야마도 아키오 창업주의 이야기는 직원을 대하는 제대로 된 철학을 보여준다.

"인간은 말이 아니다. 채찍이 아니라 당근만 주면 된다. 원숭이는 재주를 부려야 먹이를 준다. 하지만 사람은 동물과 다르다. 당근이 먼저 주어지고 기분이 좋아져야 스스로 더 열심히 일할 수 있다."

5 "왜"라고 3번 물어라

고객관리 프로그램의 위력

단기간에 매출을 올리고 고객의 충성도를 높이는 방법을 택하라면 도도포인트, 카솔(카카오 플러스친구 솔루션), 티몬플러스, 단골플러스, 애니스탬프, 나우웨이팅 등 고객관리 프로그램을 꼽는다. 컨설팅하는 매장에는 무슨 수를 써서라도 집어넣는다. 우리 가게를 떠난 고객은 남이 되기 쉽다. 세상에는 셀 수 없을 정도로 식당이 많고 그만큼 경쟁이 치열하다. 은하수처럼 많은 매장 중에 굳이 여러분의 가게를 콕 찍어서 가야만 할 이유가 없으니 매일매일 줄을 서지 않는 것이다.

다시 한번 상기하자. 인간은 습득한 정보를 1시간 이후부터 잊기 시작한다는 사실을. 아무리 목숨 걸고 재료를 구하고 손질하고 요리를 만들어도 모르면 못 온다. 그런 의미에서 고객에게 '나'라는 브랜드를 반복적으로 알리고, 경쟁자는 하고 있지 않은 혜택을 준다면 당연히 여러분이 승자가 된다. 아무리 상권이 안 좋아도, 유동인구가 적어도 매출 빵빵하게 올리면서 씨익 웃고 다니는 분이 주위에 계시다면 그분은 고객관리 프로그램을 쓰고 있음이 틀림없다.

아직 이름도 들어보지 못하신 분들에게 간단히 설명하자면… 고객관리 프로그램이란 카운터 포스 옆에 작은 모니터를 설치하고 고객의 포인트를 적립해주는 서비스다. 간단한 등록 절차만 끝내면 계산하는 족족 포인트가 쌓인다. 여성 고객은 물론이고 젊은 남성층에게도 인기가 많다. 원하지 않는 고객은 그냥 식대만 계산하고 나가면 된다. 강제 조건은 없으니까.

그럼 업주 측에서는 어떤 혜택을 볼 수 있을까? 한 달에 2~3만 원씩 대금을 납부하면서도 크게 효과를 못 보고 계신 분들에게 '꿀팁'을 드리고자 한다.

다음은 수업을 들은 수강생들이 현장에서 적용한 실제 사례이다. 소중한 기업 비밀을 공개해주신 여러 동지들에게 감사의 인사를 드린다. 꾸벅.

윤동철(경기 남양주. 시월애도토리)

최초 가입 고객에게 15일 내 재방문 시 매장에서 판매되고 있는 가마솥 누룽지 2,500원짜리를 무료로 드리는 문자가 발송됩니다. 기간 내 재방문도 15% 향상되고… 서비스로 드신 후 누룽지의 판매도 증가 효과를 보고 있습니다. 향후 카톡 친구맺기를 유도

5 "왜"라고 3번 물어라

하여 또 다른 서비스 품목으로 혜택을 드리고자 고민 중입니다. 카톡 친구맺기를 하면 도도포인트 문자 비용을 절감할 수 있습니다.

이재훈(서울 금호동. 돼지미학)

1. 최초 가입 유도 및 재방문 유도 위해 최초 가입 시 10% 할인쿠폰(한 달 내 사용 가능)을 보내드립니다.
2. 금액 대비 할인 적용보다 쿠폰 도장 개념으로 금액 상관없이 1포인트씩 쌓아 누적 3포인트, 6포인트, 9포인트마다 사용할 수 있게 하여 포인트를 모아서 쓰는 성취감을 단축시켜드리고 있습니다.
3. 매장 자체 행사 시 고객 DB를 통해 알림 문자를 보냄으로써 빠른 홍보 효과를 보고 있습니다. (즉시 문자 보고 재방문함)

보통 배달 때 지급하는 쿠폰 대신 전화번호만 고객이 주시면 자동 적립시켜드려 카톡으로 본인 쿠폰이 몇 개 모였는지 전달해드리는 방법을 생각하고 있습니다. 쿠폰을 챙기는 게 귀찮거나, 잃어버리는 경우가 있어 이렇게 하면 자연스레 배달 고객 DB도 모아서 나중에 행사 문자 보낼 수도 있지 않을까 기대해봅니다.

김태진(경남 창원. 사야)

30~50대 주부들은 적립에 엄청 민감합니다. 적립을 계속하면서 고객 DB를 확보한 뒤 작년 데이터를 활용하여 매출이 상대적으

로 떨어지는 시기에 할인쿠폰과 서비스쿠폰을 날려 매출을 올리는데, 회수율이 6~8%는 되는 상황이라 마케팅 측면으로는 엄청난 효과입니다. 거기다가 이벤트 진행하는 것들을 쿠폰과 동시에 진행할 수 있으니 굳이 광고비를 쓰지 않아도 광고 효과를 보는 겁니다. 그리고 도도는 생일을 알 수 있게 되어 있어 그 달의 생일 고객들에게 기프티콘을 발송하는 방법도 있구요.

티몬플러스 활용
1. 작년 매출 데이터를 펼쳐놓고 매출이 상대적으로 떨어지는 월/화요일 마케팅을 시도. 메인 메뉴 20% 할인이나 10,000원 쿠폰을 월/화만 쓸 수 있게 발송하여 월 매출 극대화. 실제로 월/화 매출이 25% 상승하여 전년 대비 11월 기준 10% 매출 상승.
2. 티몬플러스 고객 120일 동안 방문하지 않는 고객들에게 특별한 반값 쿠폰 발송으로 외부로 빠지는 고객들에게 매장 인식하게 만듦.

결국 가장 고객들을 오게 만들었던 건, 직접 만든 블로그+페이스북+티몬플러스 병행에다가 방문 시 재방문 유도하는 선물과 진정성이 다 같이 작용해야 매출로 나오는 것 같습니다.

목숨만큼 중요한 특급 노하우를 내놓은 '장사의 신'들에게 고개 숙여 다시 한번 감사의 인사를 전한다. 현장감을 살리기 위해 가능한 한 그들의 목소리 그대로를 담으려 했으니 이해해주시면 좋겠다.

결국은 실행이다. 시도하고 관찰하고 수정하고 보완하고 다시 시도하고 관찰하고… 시도하면 승률이 높아진다. 맷집도 생기고 장사 근육도 발달한다. 만약 단 하나도 시도해본 적이 없으시다면 일단 이분들의 매장부터 한번 방문해보시길 권한다. 이런 무시무시한 프로페셔널들이 여러분 옆 매장에서 영업한다고 생각해보시라. 살이 떨릴 일이다.

솥밥은 위대하다

공기밥은 그저 공기밥이다. 더도 덜도 아닌 공기에 담은 밥. 어느 누구도 공기밥을 그 이상으로 쳐주지 않는다. 그래서 2,000~3,000원 받기 어렵다. 아무리 잡곡을 섞고, 퀴노아를 넣고 '쌩쑈'를 해도 외식업에서 공기밥은 그저 공기처럼 가벼운 존재에 불과하다.

　나는 "밥집은 밥이 맛있어야 한다."고 늘 강조하며 다닌다. 이 문장속에 답이 있다. 아무리 밥을 잘 지어도 스테인리스 밥공기 속에 꽁꽁 가두어두면 결로 현상 때문에 밥맛이 떨어진다. 최상급 쌀로 정성을 200% 더해 밥을 지어도 질척거린다. 그렇다면 가장 맛있는 밥은 무엇일까? 할머니가 장작불 피워 지어주시던 밥? 어머니가 곤로 위에서 지어주시던 냄비밥? 이도 저도 아니면 아내가 신혼 6개월 때까지 지어주던 압력솥밥? 공통점은 갓 지은 밥이다.

　그렇다면 우리는 이 경험을 어떻게 고객에게 전달하고 판매할 것인가? 청량리 광주식당마냥 일일이 냄비밥을 지어주면 좋으련만 보통 일이 아니다. 또 오너가 아무리 열정을 가지고 있어도 스태프들을 설득시키지 못하면 '도로 아미타불'이다. 시스템을 바꾼다는 것은 동전 뒤집기처럼 쉬운 일이 아니다. 고객의 최대 만족을 끌어내고 매출도 올리고 스태프들의 일도 덜어줄 수 있는 방법은 딱 두 가지밖에 없다. 하나는 햇반을 쓰는 것이고 두 번째는 솥밥 기계를 도입하는 것.

피식 웃을 분도 계시겠지만 전자는 일회용 용기만 없다면 굉장히 의미 있는 도전이다. 전자레인지에서 막 꺼낸 햇반은 상상할 수 없을 정도로 맛있다. 일반 업장에서 이 정도 수준의 밥을 내는 경우는 그리 많지 않다. 일부 고깃집에서 시도하고 있는데 반응이 꽤 좋은 편이다. 고객은 판매가격만 고려한다. 편의점이나 마트에서의 판매가격을 알고 있기에 2,000원이라는 돈을 지불하는 데 인색하지 않다. 하지만 일반 식당에서 사용하기에는 무리가 따르는 것이 사실이다. 1,000원의 벽을 넘기 어렵다.

솥밥은 이야기가 달라진다. 최근 6분이 조금 넘는 시간에 솥밥이 완성되는 기계들이 속속 등장하고 있다. 버튼만 누르면 취사가 완료되는데 손님 상 근처에서 압력을 빼주면 '쉬이이이익' 소리를 내며 시청후각의 주목을 끈다. 소리가 들리면 여기저기서 스마트폰을 꺼내 사진을 찍느라 정신이 없을 정도다.

생각해보시라. 이 밥이 스테인리스 공기밥이었다면 어느 누가 사진을 찍느라 노동력을 투입하겠는가! 어림없는 소리다. 물론 기계 가격은 좀 한다. 저렴한 것이 500~600만 원 수준이고 특A급은 1,000만 원을 넘는다. 정체기에 있는 식당이라면 지금 당장이라도 솥밥을 도입하라고 도시락 싸 가지고 다니면서 강조하고 싶다.

그림을 한번 그려보자. 7,000원 받는 차돌된장찌개집을 갔는데 나머지 찬은 대동소이하다. 그런데 한 집은 스테인리스 공기밥을 주고 다른 집은 솥밥을 준다면 여러분은 어느 집을 선택하시겠는가? 딩동댕~ 아마 백이면 백 솥밥을 선택할 것이다. 이유가 있다. 고객의 후두엽은 끊임없이 계산을 한다. 솥밥은 어느 정도 지불할 의사가 있을까?

1,000원? 괜찮은데⋯ 2,000원? 이 정도면 주문할까 말까 망설인다. 그런데 판매가격이 7,000원인 차돌된장찌개에 솥밥을 같이 준다? 마다할 이유가 없다. 고객 입장에서는 고마운 거다. 이런 집에서는 분명 손님들이 카드를 툭 던지듯 내미는 무례한 짓은 하지 않을 것이다. 내가 지불한 금액보다 더한 가치를 돌려받으면 말이 없어지고 고개가 숙여지고 얼굴에 웃음기가 도는 게 고객이다.

또 있다. 솥밥의 매력은 단조롭지 않다는 데 있다. 솥뚜껑을 열고 앞접시에 밥을 곱게 덜어낸다. 가슴이 뛰기 시작한다. 반사적으로 찬과 찌개를 둘러보게 된다. 공략할 순서를 정해야 한다. 덜어낸 솥에 뜨거운 물을 정성껏 붓고 다시 뚜껑을 덮는다. 고객들을 관찰해보시라. 의식을 치르듯 동작이 우아하고 조심스럽다. 대개는 양념장을 밥 가장자리에 둘러 슬쩍 비벼본다. 마구 섞는 일은 드물다. 숟가락을 세우고 살살 긁는다. 나물을 올려 비비기도 하고 육류와 생선류를 올려 덮밥을 만들기도 한다.

여기서 끝이면 솥밥이 아니다. 마지막으로 포만감을 최대치로 올려줄 누룽지가 든든히 뒤를 받치고 있다. 공기밥과 달리 갓 지은 밥+누룽지까지 만족의 스펙트럼이 넓어진다. 고객이 누룽지를 좋아하는 건 맛과 추억도 있지만 단품 메뉴인 누룽지가 3,000원 가까이 한다는 사실을 알고 있기 때문이다.

만약 당신이 이 타이밍에 회전율과 비용을 고민한다면 앞으로 살아남기 어려울 것이다. 솥밥에 대해 긍정적 이미지를 갖게 된 고객들이 하나둘 떠날 테니 말이다. 힌트를 하나 드리자면 솥밥 추가 주문 시 가격을 2,000~3,000원까지 끌어올리기 위해 곤드레나 취나물 혹은 시래기를 올려도 좋으나 더 좋은 아이디어가 있다.

이미 적용해 사랑받고 있는 친구가 바로 어수리 나물이다. 임금님 수라상에 올랐다 해서 어수리인데 아직은 모르는 이들이 많으니 지금 당장 도입해보도록 하자. 공기밥 대신 솥밥이 그 역할을 했듯이 곤드레나 시래기 대신 어수리가 객단가를 최소한 1,000원은 올려줄 것이다.

마지막으로 타산을 맞춰보자. 800만 원짜리 솥밥 기계를 예로 들어보겠다. 하루에 100명의 고객이 온다 치고 3년만 사용한 후 폐기처분한다 생각하고 계산해보자.

솥밥은 괜히 솥밥이 아니다.
공기밥과 달리 갓 지은 밥+누룽지까지
고객 만족의 스펙트럼이 넓어진다.
시장은 이렇게 장악해나가는 거다.

8,000,000원÷100명÷1,095일(365일×3년)=73원

가장 기본적인 솥밥 기계만 계산했다. 추가 인건비, 추가 솥 가격은 제외했다. 1명당 73원 투자해서 참을 수 없는 존재의 가벼움, 공기밥을 솥밥으로 만들 수 있다면 이 정도 액수는 투자해도 괜찮지 않을까? 매출은 그냥 오르지 않는다. 경쟁자의 고객을 1명 뺏어올 수 있다면 결과적으로 나는 경쟁자와 2명의 차이가 난다. 시장은 이렇게 장악해나가는 거다.

테이크아웃의 마술

"우리는 없는 수요도 만든다."

"사고 싶지 않은 것도 사고 싶게 만들 수 있다."

'장전, 김유진 아카데미' 사람들은 이런 생각을 하며 산다. 날로 먹으려는 도둑놈 '심보'가 아니라 '어떻게 하면 고객에게 더 많은 혜택을 주고 나도 더 벌 수 있을까?' 하는 아이디어를 짜느라 쉴 틈이 없다. 심지어 자는 동안에도 매출을 올릴 수 있는 방법을 연구한다. 일반적인 자영업자보다 2배는 더 성실하고, 3배는 더 뛰어나고, 10배는 더 포부가 커야 가능한 일이다.

매장 이외의 곳에서도 매출을 올리고, 자면서도 매출을 올릴 수 있어야 진짜 사업가다. 장사 우습게 보고 폄훼하는 사람들을 보면 답답해 죽겠다. 내 골목, 동네, 시, 군, 구도 잡아먹지 못하면서 매일 입만 열면 사업, 사업가, 사업 마인드 운운한다. 똥폼 잡는 게 사업이 아니다. 남들 다 자는 동안에도 벌어서 가족, 직원, 고객을 행복하게 만들어주는 게 진정한 사업이다. 우린 이 작전을 짠다.

경쟁이 무시무시하다. 온라인, 오프라인 말할 것 없다. 경쟁은 어쩔 수 없이 이익률을 악화시킨다. 가능하면 경쟁 시장에서는 빠져나오는 게 좋다. 디자인은 제품에만 하는 것이 아니다. 비즈니스에도 도입해야 가치가 오른다. 매장에만 집중했던 판매 방식에서 빠져나오자.

고객에게 새로운 신호를 보내 수요를 만들어내자. 그래야 상상도 할 수 없는 방법으로 매출을 올릴 수 있다. 두 가지 신호가 있다. 이제껏 도입해서 실패한 일은 없다. 다이아몬드보다 소중한 두 단어를 소개하자면….

테이크아웃 + 택배

요새 유행인 배달에도 집중하면 안 되느냐고? 안 될 일은 없다. 하지만 여러분이 지금 들어가서 배달의민족을 위시한 여타 어플리케이션을 장악하고 고객을 사로잡을 가능성은 그리 높지 않다. 벌써 수년째 배달 대상도 받고 우수업소로(물론 배달의민족 기준이다) 선정된 일명 '딜리버리 국가대표들'의 진입 장벽이 무척 높다.

배민에서 하도 교육을 많이 시켜서 선수층도 두텁다. 이들과 경쟁을 벌이고 라이더들을 핸들링하는 일은 만만치 않다. 여러분이 목숨

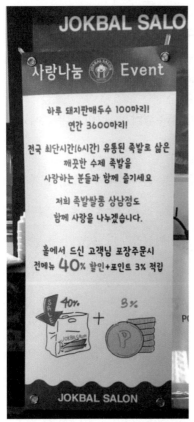

@족발쌀롱

2~3년 후 후회하고 싶지 않다면
지금 당장이라도 테이크아웃을 도입해보자.
'테이크아웃의 민족' 시대를
남들보다 먼저 준비해보자는 말이다.

걸고 덤비면 '그분'들도 목숨 걸고 지키려고 들 게 뻔하니 쉽지 않은 게임이다.

가보지 않은 길은 두렵기 마련이다. 하지만 2~3년 후 지금보다 더 나이가 든 뒤 후회하고 싶지 않다면 지금 당장이라도 테이크아웃을 도입해보자는 소리다. 사나흘 해보고 매출 얼마 안 나오네 하지 말고 악착같이 물고 늘어져보자. 이 기회에 포장 용기 공부도 좀 하고 테스트도 해보면서 '테이크아웃의 민족' 시대를 남들보다 먼저 준비해보자는 말이다.

단, 지금 경쟁자들이 하는 것처럼 "포장 할인 5%", "테이크아웃 10%"를 내세우면 손님에게 콧방귀 맞기 딱 좋다. 매장에서 먹으면 육수, 반찬, 물, 수저, 냅킨 등 얼마든지 더 요구할 수 있는데 굳이 5~10%에 포장을 결심하지 않는다.

안다. 할인, 디스카운트 이야기만 나오면 알레르기 반응이 생긴다는 걸. 하지만 어쩌랴? 장사의 귀신들은 이미 테이크아웃 할인 폭을 확대해 다중 수익 모델을 구축했는데.

"어이쿠 30%나 깎아주라고요? 그럼 우리는 뭐가 남는대유?"

할인율 이야기만 나오면 민감해지고 눈을 흘긴다. 이제껏 제대로 해보지도 않았던 원가 계산이 이럴 때는 찰나에 이루어진다. 그도 그럴 것이 직원들과 1년 내내 매장 지키며 전력투구를 해도 세금 내고 나면 겨우 20% 정도(최근 더 악화되고 있다) 남길까 말까 하는 처지다

집에
서도 먹어
봐요

좋은건 나누워 먹어야 제 맛!

- 갑부탕 -

자녀를 위한 **갑부탕 16% 할인**

2인용 ~~₩24,000~~ ➤ **₩20,000**

- 석갈비 -

배우자를 위한 **석갈비 23% 할인**

2인용 ~~₩26,000~~ ➤ **₩20,000**

- 양념갈비 -

부모님을 위한 **양념갈비 30% 할인**

3인용 ~~₩39,000~~ ➤ **₩27,000**

6인용 ~~₩78,000~~ ➤ **₩53,000**

@대전 갑부본가

아무것도 하지 않으면 어떤 일도 벌어지지 않는다.
지금과 같은 영업과 경영을 고집한다면
이미 테이크아웃을 시작한 선두 그룹의
매출만큼을 빼앗기는 것이다.

보니 할인에 민감할 수밖에 없다.

그래서 제안한다. 셈법을 바꿔보자. 어차피 죽어라 일해도 20% 남
는 거면 생각을 180도 뒤집어 20%만이라도 남기겠다는 각오로 설
계도를 짜보는 거다.

	매장 판매	테이크아웃 (전체 판매량 중 20%일 경우)
식재료	40%	40%
임대료	10%	2%
인건비	25%	5%
기타 비용	5%	1%
이익	20%	20%
포장비	0%	10%
		22%

아무리 테이크아웃이라도 임대료와 인건비가 안 들어가는 건 아니
다. 그래도 매장 영업에 비하면 훨씬 적을 게 분명하다. 산술적으로
접근하자면 테이크아웃의 판매 비중에 따라 소요되는 비용이 달라진
다. 이제껏 임대료 10%를 오롯이 매장 영업만을 위해서 지불했는데
테이크아웃이 전체 매출의 20% 정도로 상승한다면 계산에 넣어야
한다. 5분의 1이니 전체 임대료 10% 중 2%는 테이크아웃 임대료로
계산해야 마땅하리라.

그렇지만… 이제 시작하는 테이크아웃이 현재 매장 매출의 플러스

요인으로 작용할 테니 무시해도 좋지 않을까? 인건비도 마찬가지다. 하루에 100인분, 200인분 팔린다면 인력을 더 투입해야 하지만 그건 그때 가서 셈을 하자. 지금 당장은 있는 인력으로 운영하는 것이니 결론적으로 말하면 포장 용기에 5~10% 투자한다 해도 22~25% 정도 할인은 충분히 가능하단 얘기다. 이 정도는 돼야 포장해갈 맛이 생긴다.

1만 원 짜리 주꾸미 볶음을 9,500원이나 9,000원에 준다면 외면하겠지만 7,500원이라면 달라진다. 단, 이 할인은 매장에서 식사한 고객들에게만 적용되어야 한다. 한 가지 더 추가하자면 매장에서 주문한 인분 수만큼만 테이크아웃이 가능하도록 짜자. 셋이 와서 2인분 시키고 5인분 싸달라고 하면 이 전략을 구사하는 것이 무의미해진다.

자본주의 사회는 제로섬이다. 남이 먹으면 내가 먹을 게 그만큼 줄어든다. 여러분이 지금과 같은 영업 방식과 경영만을 고집한다면 이미 테이크아웃을 시작한 선두 그룹의 매출만큼을 빼앗기는 것이다. 이들 매장에서 벌어지고 있는 일들이 궁금하지 않으신가? 각 상권에 버티고 있는 장사의 신들 이야기를 다 털어놓는다면 오금이 저릴지도 모른다. 그러니 더 이상 고객과 상권 빼앗기지 말고 하루에 5개라도 좋으니 테이크아웃부터 활성화시키자.

아무것도 하지 않으면 어떤 일도 벌어지지 않는다.

전국을 쥐락펴락하는 기술

온라인 몰에 들어가기 위해 제조 공장을 지으면 정말 좋다. 그런데 많이 복잡하다. "에잇!" 하고 포기하실 분들을 위해 팁 한 가지를 준비했다. 바로 택배다. 전화나 문자를 받고 보내주는 시스템을 말한다. 우리 집에서 맛있게 밥을 먹고 기분 좋게 떠난 고객이 이사를 갔다. 다시 찾아오거나 배달로 주문하기에는 거리가 멀다. 그럼에도 꼭 다시 먹고 싶은 고객들을 위한 방법이다. 속초에서 먹었던 장치찜을 또 먹고 싶다. 당장 인터넷 검색을 했는데 온라인 주문이 불가능하다. 그러면 전화를 거는 수밖에 없다.

"여보세요? OO장치찜이죠? 지난번에 하도 맛있게 먹어서 그러는데 혹시 택배 가능한가요?"

준비가 되어 있는 분들은,

"그럼요. 주소 불러주세요. 몇 인분 보내드릴까요?"라고 할 수 있

지만 준비가 안 된 대부분의 분들은,

"택배요? 아이고 우린 그런 거 안 해요." 뚝!

물론 여러 가지 이유가 있을 수 있다. 쉬 상하는 음식이라 골치 아파서 보내지 않는 분들도 계실 테고 모양이 흐트러지거나 완성도가 떨어질 것 같아서 아예 생각조차 않는 분들도 계시리라.

하지만 수없이 많은 전국의 브랜드들이 그동안 이 택배라는 훌륭한 시스템을 활용해서 부자가 되었다. '장사의 전략'에 관해 늘 강조하지만 사실 이런 시스템들이 하나둘 완성되어야 폭발적 성장을 이끌어내는 사업의 단계에 이를 수 있다.

600만 자영업자 중 외식업이 60만, 3년 넘게 버틸 수 있는 능력을 가진 사람은 고작해야 약 9만 명. 슬프지만 턱걸이로 폐업만 안 하고 버티는 분들까지 포함한 숫자다. 이 중 테이크아웃을 전문적으로 하고 있는 분들은 약 30%, 2만 7,000명. 아주 너그럽게 잡은 숫자다.

이 장에서 집중적으로 이야기하려고 하는 택배를 제대로 하고 계신 분들은 대략 5%, 4,500명 정도 된다. 짐작한 것보다 훨씬 열악하다. 우린 지금껏 이렇게 큰 시장을 외면하고 있었던 것이다. 스스로 위안하며 늘 핑계가 많았다.

1. 어떻게 하는 줄 아예 몰라서.

2. 법적으로 괜찮은가?

3. 포장 패키지 준비가 만만치 않아요.

4. 혹시 사고라도 생기면 어쩌죠?

누구는 조금 더 부지런 떨어 매년 10억 원 가까운 매출을 올리고 있는데 우린 손 놓고 있었던 게 사실이다. 이 문제의 솔루션을 찾기 위해 중원의 고수들을 만났다. 노하우를 탈탈 털어주신 사부님들께 감사의 인사를 올린다. 대한민국에서 현재 미슐랭 스타를 가장 많이 보유하고 있는 주인공은 임정식 셰프다. 그의 아내 이여영 대표는 탁월한 사업가다. 월향. 문차이나. 조선횟집. 평화옥 등 론칭하는 브랜드마다 대박이다.

이 매장 가운데 월향에 순대를 납품하는 분이 권용국 셰프다. SNS에서 이 소식을 접하고 소름이 돋았다. 도대체 얼마나 맛이 있으면 세계적인 셰프와 그의 아내가 이분의 순대를 선택했을까? 궁금증이 꼬리를 문다. 한두 곳을 뒤진 게 아닐 텐데 납품을 맡길 정도로 품질이 우수한가? 물류는? 꼬리에 꼬리를 무는 질문 끝에 연락을 했다. 역시 택배였다. 그리고 시스템이었다. 주먹구구식으로 순대를 만들거나 배달했다면 절대로 할 수 없었을 일이다. 당시 질문과 대답이 아직도 생생하다.

"대표님~ 택배를 하시나요?"

"네. 택배 하고 있습니다."

"어떤 계기로 택배 서비스를 시작하신 거예요?"

"잘나가는 국밥집들이 포장과 택배 사업도 같이하고 있는 것을 보고 시작하게 되었습니다. 인천뿐만 아니라 전국을 상대로 판매해보고 싶어서요."

"매장 외 판매(온라인 몰 등)는 어디어디인지요? 그리고 매장 판매 대 매장 외 판매 비율도 알고 싶습니다."

"매장 외 판매는 초기에는 '푸드 마켓', '요리버리'를 시작했고 현재는 네이버쇼핑에서만 판매하고 있습니다. 현재는 전체 매출을 100%로 잡았을 때 홀 매출 30%+배달 매출 50%+온라인 20%입니다."

"송년회 때 순대 포장을 선보이셨는데 택배나 테이크아웃의 일환이신지요?"

"네. 판매하는 제품이고 올해는 영상물과 라벨 포장에 신경을 더 쓸 예정입니다."

그래 이게 답이야.

전.국.상.대.

맛과 퀄리티를 모두 갖출 수 있는 분들이라면 당연히 망설이지 말고 전국을 상대해야 한다. 배달로는 기껏해야 5km 정도밖에 커버하지 못한다. 물론 배달의 선수들은 여기저기 '깃발'을 꽂아 범위를 좀 더 넓힐 수도 있겠지만 전국 커버는 어림없다. 전국은 택배가 답이다. 홀 매출 30%면 일반적으로 터무니없이 낮은 수치라 생각할 수 있겠으나 배달이 반 그리고 20%라는 의미 있는 온라인 매출이 버티고 섰다. 20%! 우리가 노리는 숨은 시장이 바로 여기에 있다. 알리는 방법도 많다. 지금은 1990년대가 아니다. 언제 어디서든 스마트폰만 있으면 자극 받고, 정보 얻고, 비교 검색한 뒤 터치 몇 번으로 구매를 완료하고 음식을 받아볼 수 있는 세상이다.

택배 상자가 도착했을 때의 설렘과 기쁨을 다들 알고 계실 거다. 불안했던 의심이 눈 녹듯 사라지며 서둘러 포장을 푼다. 꺄~ 주문한 제품 이외에 상상도 못했던 선물이 손글씨 편지와 함께 들어 있다. 이건 감동이다. 먹기도 전에 맛있다. 고객을 쥐락펴락할 수 있는 최고의 노하우가 바로 택배다. 그러니 지금 시작하자.

누구든 꿈꾸면 만석 닭강정이 될 수 있다.

자면서도 매출을 올리는 법

딜리버리 시장의 경쟁이 전쟁을 방불케 한다. 좀 더 상위에 노출되기 위해 배달의민족에 수백만 원씩 지불을 감내한다. 시장이 과열되자 경쟁자들의 격차는 줄었다. 상향평준화되면서 모두가 비슷비슷한 서비스를 제공하기 때문이다.

경쟁자는 닮아간다는 소리가 맞는 모양이다. 너도나도 손글씨로 감사 편지를 쓰고, 배려팩, 매너팩 등을 만들어 일회용 장갑, 앞치마, 치실, 가그린, 머리띠 등을 담아준다. 사장님의 리뷰가 중요하다는 사실도 교육을 통해 알려지면서 오너들은 수백, 수천 개씩 답글을 올린다. 제3자 입장에서 보고 있노라면 마음이 무겁다. 경쟁은 더 치열해질텐데… 가치를 높일 줄 모르면 결국 제 살 깎아먹기 육탄전이 벌어질텐데….

그래서 궁리했다. 업계 최고의 전문가들에게 자문도 구했다. 가게

5 "왜"라고 3번 물어라

문을 열어놓는 동안만 돈을 벌 게 아니다. 셔터를 내리고 다음 날 오픈하기 전까지, 즉 잠을 자는 동안에도 매출을 올릴 수 있는 방법을 찾았다.

쫄면의 대명사, 영주의 나드리 쫄면 정희윤 대표는 일찌감치 온라인 시장에 뛰어들었다. 고객에게 배달될 제품을 자체 제조하기 위해서는 식품 제조 허가, 통신판매 허가를 받아야 한다. 또 각 상품에 대한 품목 제조 보고서를 제출하고, 제품을 구성하고, 자체 판매(네이버 스마트 스토어 등)를 할 것인지 판매 대행사를 택할 것인지도 결정해야 한다.

직접 제조가 부담스러워 OEM 방식을 택할 것이라면 시설을 완비한 제조 공장을 찾아가 의뢰해야 한다. 물론 주문 물량이 적으면 거절당하기 쉽다. 그렇다고 포기하기는 이르다. 이 이야기는 차차 하기로 하고 일단 온라인 시장에 진출하고 싶다면 경쟁자 분석에 착수해야 한다. 누가 어떤 제품을 얼마에 팔고 있는지 등을 검색해서 직접 제품을 구매하고 시식하며 분석하는 작업을 통해 차별화 전략을 세워야 한다. 나드리 쫄면은 처음부터 '최초'와 '권위'라는 타이틀을 고수했다.

"쫄면 최초 온라인 판매!"
"분식 메뉴 최초 구매 후기 9,000건 돌파!"
"네이버 푸드 입점 후 18개월간 건강 간식 코너 30위 이내 노출!"

가정 간편식 시장의 지속적 성장을 내다본 결단이 대한민국 최고 쫄면 브랜드를 오프라인에 이어 온라인까지 확장시키고 있다. 세상은 넓고 팔 건 많다. 닭갈비, 제육볶음, 주꾸미 볶음, 쌀국수 등 아이템과 시장은 얼마든지 열려 있으니 여러분도 도전하시라.

단, 온라인 식품 시장도 '선두 선수'들에 의해 꽤 포화되어 있는 상태이기 때문에 차별화된 맛과 구성 그리고 브랜드 이미지를 강화해야 생존 가능성이 높아진다. 온라인 고객들은 제품을 직접 눈으로 보고 살 수 없기 때문에 기존 구매자의 목소리에 주목한다.

잠재 고객의 99%는 구매 후기를 참고해 제품 구매를 결정한다. 바이럴 마케팅이 필요한 건 바로 이 때문이다. 우수한 고객의 구매 후기가 쌓일수록 내 통장의 잔고도 쌓여간다. 내가 직접 나서서 모든 걸 해결하는 방법도 있지만 더 많은 고객들에게 노출될 확률은 떨어질 수도 있다. 이럴 때는 전문가의 도움을 받는 방법이 있다. 각 쇼핑몰에는 상품을 입점시키고 구성하는 MD가 있다. 이분을 찾아가자. 광주 냉갈집과 육가공 전문 기업 산과들 푸드를 운영하는 배경조 대표의 어드바이스는 시사하는 바가 크다.

"상품을 등록해도 MD가 정해지지 않으면 제대로 판매가 되지 않아요. 특가 이벤트를 진행하겠다고 하면 대부분 시간을 내줍니다. 미팅이 성공적으로 이어지면 포토그래퍼, 디자이너를 소개받고 본격적으로 입점 절차를 밟아요. 그런데 이때 수수료나 반품율, 포장 패키지 가격 등 계산을 치밀하게 해야 손해를 보지 않아요.

온라인몰 입점에 흥분한 나머지 손해를 보는 경우도 많습니다. 생각보다 온라인 판매 절차에 시간이 소요되니 차근차근 보완해가면서 진출하는 게 좋을 듯합니다. 고려할 게 수백 가지고 머리가 아프지만 남들과 가는 길이 다르다는 생각에 그리고 새로운 시장을 개척한다는 생각에 흥분이 됩니다.”

그렇다면 직접 제조 시설을 만들어보는 건 어떨까? 소규모 사업장에서는 사실 엄두가 나지 않는 이야기다. 하지만 매장은 슬림하게 운영하면서 온라인 판매에서 두각을 나타낸 단향갈비 김용광 대표의 이야기는 귀를 솔깃하게 만든다. ‘고창모’라는 고기 창업과 관련된 커뮤니티에서 꽤나 유명해진 이분도 불법 증축 단속, 동업자와의 갈등, 부대찌개와 떡볶이 배달 사업까지 4번 망하고 5번째에 일어났다. 그야말로 산전수전, 공중전에 심리전까지 마친 역전의 용사다.

단향갈비의 테이블은 달랑 4개다. 오프라인 매장에서의 월매출은 2,000만 원이지만 온라인에서 운영 중인 도소매업으로 7~8억 원의 성적을 내고 있다. 만약 매장을 운영했다면 테이블 약 35~40개 정도가 필요했을 숫자다.

온라인 판매를 하려면 제조 시설이 필요하다. 식당 공간에서는 제조가 불가능하다. 이 시설은 허가제다. 담당 공무원이 실사를 나온다. 최소 평수는 약 25평. 법적 제한이 따로 있는 것은 아니지만 담

당 공무원의 허가가 필요하다. 워낙 업종이 다양해 일일이 다 설명할
수는 없지만 최소 비용과 시간 투자로 제조 시설을 만드는 노하우를
공개한다.

고기 비율이 50% 이상이면 '축산가공업' 그 미만은 '식품제조'다.
평당 350만 원 정도 비용이 드는 냉동 창고와 작업장을 15도씨 미
만으로 유지시켜주는 냉각 장치를 설치하면 일단 오케이. 참고로
냉장, 냉동 창고의 최소 평수는 2평이다. 이에 더해 작업장, 배합
기, 포장기, 소독기, 저울, 라벨 인쇄기, 탈의실, 샤워장 등을 갖춰놓
으면 담당 공무원을 만나도 크게 긴장할 필요 없다. 최소 시설비는
3,000~4,000만 원 정도면 가능하다. 물론 보증금과 월세는 지역과
위치 그리고 층수에 따라 달라진다. 수업을 들었던 수강생 중 몇몇은
이렇게 말한다.

"배달 어플리케이션 슈퍼리스트에 투자할 1년치 정도면 제조 설비
갖추고 온라인 공략 가능해요."

제조 공장이 없으면 세금계산서를 발행할 수 없다. 도매와 온라인
이 막힌다. 최근 발 빠른 선두 그룹이 하루하루 처절해지는 배달 시
장을 빠져나와 온라인 시장으로 속속 집결하고 있다.

고객 관리가 무척 독특하다. 고객 중 상위 20%는 프리미엄 제품으
로 공략하고, 나머지 80%는 전화로 주문 받아 택배로 제품을 쏜다.
페이스북 페이지와 인스타그램을 통해서도 주문을 받고 있다. 온라

인 몰에는 이 80%의 고객이 여러분의 상품을 기다리고 있다. 그들이 강조하는 온라인 몰 소비자들의 성향은 이렇다. 번거로우면 딱 질색이고, 섹시하면 주목한다. 그리고 신상을 사랑한다. 뭔가 새로우면 도전해보려는 의지가 강해진다. 오프라인과 달리 냉장 제품보다 냉동 제품을 선호한다.

대면 접객에서는 톤 앤 매너가 중요하지만 비대면에서는 고객의 불안 해소가 핵심 포인트다. 판매자가 누군지도 모르고 내 매장도 방문한 적이 없다. 그저 사진 한 장, 센스 있는 카피 한 줄에 이끌려 주문을 했다. 맛있으면 '좋아요'로 응대하지만 생각과 달리 제품이 기준에 미치지 못하면 지워지지 않는 댓글로 복수전을 펼친다. 결국 매출은 급락하고 제조 공장에 투자한 비용도 건지지 못하는 결과가 나올 수도 있다.

정반대로 디테일이 살아 있고, 이제껏 경험해보지 못한 제품이고, 고객의 고민과 고통을 끊어준다면 대박으로 이어진다. 이 경지에 이르면 매장도 싫고, 배달도 싫어진다. 판매처는 생각보다 많다. 카페, 동호회, 기업 폐쇄몰, 홈쇼핑, 오픈마켓… 두드려라 그러면 열릴 것이다.

투자수익률은 알고 장사합시다

얼마를 벌어야 장사를 잘하는 걸까? 그보다 얼마를 벌어야 이 빙하기에 살아남을 수 있을까? 이 질문에 답할 수 있는 사람은 그리 많지 않다. 투자수익률이라는 것을 배우기는커녕 아예 들어보지도 못한 분들이 숱하니 나침반도 없이 망망대해를 떠다니는 선장과 다를 바 없다. 안타깝고 통탄할 노릇이다. 투자수익률을 계산하는 가장 중요한 이유는 매출 목표를 세우자는 데 있다. 누구도 본인이 얼마나 잘하는지 모르기 때문에.

얼마를 투자해서 얼마를 벌고 또 얼마를 남겨야 먹고 살 수 있는지의 기준이 바로 투자수익률 분석이다. 어마어마한 규모의 대기업에서도 제대로 진단하고 싶을 때는 막대한 비용을 지불하면서까지 컨설팅 업체를 부른다. 그러곤 단도직입적으로 묻는다.

"우리 지금 잘 하고 있는 겁니까?"

5 "왜"라고 3번 물어라

"어떤 사업 분야를 키우고 또 잘라야 한단 말입니까?"

이 질문에 답하기 위해 007가방 든 선수들이 기업을 방문해서 진단하고 분석한 후 산더미만 한 페이퍼를 들이민다. 분석해준 페이퍼를 검토하는 것도 일이다. 범위와 깊이가 만만치 않다. 그래서 준비했다. 이름하야 '셀프 투자수익률 분석!'

여유자금 1억을 투자하면 얼마나 벌어야 할까?

퇴직금 2억을 투자하면 얼마를 벌어야 할까?

투자한 예산 안에서 모든 걸 해결한다면 난 얼마나 가져갈 수 있을까?

물론 앞으로 소개할 공식에 이견을 보일 분도 많으시리라. 하지만 일본의 전설적인 패밀리 레스토랑 사이제리야의 오너 쇼가키 야스히코 선생이 세운 공식을 한국형으로 적용한 것이니 참고하시면 분명 큰 도움이 될 것이다.

우선 교대 상권의 큰형, 염광택 사장에게 물었다.

"요즘 어때요? 월 매출이 얼마나 됩니까?"

"조금 줄었어요. 이것저것 타격이 좀 있네요."

"그래도 강남 최고 고깃집이 엄살이 심하시네요…."

"월 2억 5,000 정도요."

"남들 다 가게 내놓고 있는데… 탄탄하네요."

"그냥 먹고사는 정도지요."

많이들 들었던 말이다. '먹고사는 정도지요….'

자, 여기서부터 출발하자.

"지금 탐라도야지 정도 규모의 고깃집을 낸다면 총 투자액이 얼마나 들까요?"

"음… 8억 정도요."

$$\frac{\text{연간 총매출}}{\text{총투자금액}} = 2, 3, 4, 6, 8, 10\cdots$$

'총투자금액(권리금, 보증금, 시설, 장비 등)'을 분모로 두자. 분자는 '연간 총매출'이다. 분명히 말씀드리지만 아버지가 물려준 건물에서 권리금, 보증금 없이 장사하는 분들이라면 결과가 맞지 않을 수 있다. 이 결과가 얼마가 되느냐에 따라 "당장 때려치우고 싶다", "먹고살 만하다", "직영점이라도 내볼까?", "프랜차이즈 해도 가맹점주들 굶기지는 않겠네." 등으로 답이 나뉜다.

마진이 아주 훌륭한 몇몇 업종을 제외하고 웬만하면 그만두어야 할 지수는 2다. 예를 들어 총투자금액이 8억이면 연간 총매출이 16억일 경우다. 따져보자. 연간 총매출 16억일 때 한 달 매출은 133,333,333원. 30일로 나누면 4,444,444원. 하루 매출이 약 440만 원 정도면 당장 문을 닫는 편이 낫다. 컨설턴트나 매니저는 마술사가 아니다. 발악을 해도 이 정도 수준은 살리기 어렵다. 이 정도 규모가 엄두가 나지 않는다면 총투자액을 좀 낮춰보면 어떨까?

지역에 따라 다르지만 보통 치킨집 하나 오픈하려면 2~3억은 든다. 더 많거나 더 적게 드는 경우도 분명 있다. 암튼 퇴직금 2억을 가지고 치킨집을 열어보자. 생존하고 싶다면 최소한 매월 약 3,330만 원 이상은 벌어야 숨을 쉴 수 있다. 쉬고 싶은 분은 얼마든지 쉬어라. 단, 영업일수가 줄면 그만큼 더 뛰어야 한다는 사실만 잊지 말자.

다시 돌아가서, 하루에 1,111,111원은 무조건 벌어야 한다. 그래야 '똔똔'이라도 맞출 수 있다. 남는 건 없다. 아니 막강 상권이라 임대료가 세면 그만큼 적자다. 그렇다면 하루에 1만 5,000원짜리 닭을 얼마나 팔아야 할까? 주류와 음료 매출을 대략 30%라고 잡아도 52마리 정도는 팔아야 한다. 쉬워 보인다. 어떻게 해서든 52마리 못 팔겠는가! 하지만 대한민국 평균이 35~40마리다. 말처럼 쉽지 않다.

선수들끼리는 이런 얘기를 한다. 사흘 매출로 임대료를 커버할 수 있어야 한다고. 그러면 임대료도 겸손한 곳을 찾아야 답이 나온다. 즉 월 300만 원 정도의 매장을 찾아야 한다는 소린데 A급 상권에서는 어림없는 소리다. 헌데 창업 희망자는 이 공식을 모르니 임대료가 얼토당토않을 만큼 사악해도 근사한 곳에만 시선이 꽂힌다.

매출 이야기는 사람을 더 초라하게 만든다. 앞서 설명한 닭이야 단가라도 있지만 2,000원짜리 커피나 쥬스라면 도대체 몇 잔이나 팔아야 할까? 500잔이 넘는다. 당장 때려치우고 싶은 마음이 들지도 모른다. 지수 2를 맞추는 정도가 이렇다.

그래도 희망은 있다. 여러분은 이미 장사의 신이 되는 길에 접어들지 않았는가! 투자수익률이 4 정도가 되면 얼굴 찌푸릴 일은 없다. 누가 물어보면 슬쩍 웃는다. 먹고살 만하지요….

계산기를 다시 꺼내자. 지수가 4가 나오려면 2억 투자에 연간 8억 매출이 나와야 한다. 월 66,666,666원. 일 2,222,222원. 닭은 약 100마리. 2,000원짜리 커피는 약 1,000잔. 7,000원 부대찌개는 약 300인분. 10,000원 사골칼국수는 약 200그릇.

눈치 채셨으리라 믿는다. 발바닥에 불나게 뛰어서 지수를 6까지 끌어올렸다면 직영점을 시도하길 추천한다. 2억 투자에 연간 12억 매출. 월 1억. 하루 약 300만 원 정도의 매출. 권리금, 보증금, 인테리어, 집기, 설비…. 다 합한 투자액이니 당신은 칭찬 받아 마땅하고 각 매장마다 매니저를 둘 자격이 있다. 이런 분들을 만나면 고개가 절로 숙여진다. 재미있는 사실은 정작 당사자들은 모른다는 거다. 아무도 가르쳐주지 않았기 때문이다. 어쩌다 어른이 되듯 우리 모두는 어쩌다 '사장님'이 되었다.

만약 지수가 8을 넘긴다면 프랜차이즈도 넘볼 만하다. 이렇게 벌 수 있는 시스템이고 창업주가 도둑놈 심보가 아니라면 가맹점주들 여럿 살릴 수 있다. 단, 초보 가맹점주들에게도 이 셈법을 가르쳐주자. 그래야 그들도 웃으며 당신을 추종할 수 있다.

지수가 8이면 달랑 1억 투자하고 연 8억을 버는 게임이다. 권리금 없고, 보증금 3,000~4,000만 원쯤 하는 곳을 찾아 시설 투자로 다시 3,000~4,000만 원만 투자하는 거다. 나머지는 운영자금. 일단 알리기 위해 시식회도 하고 퍼주기도 하려면 여유자금이 반드시 필요하다. 지하나 2층을 얻고 드럼통에서 구워 먹는 미국산 갈비살집을 운영한다 치자.

서서갈비를 능가할 정도의 육장, 봉용불고기와 어깨를 견줄 만한 파절이, 풍년집의 상추무침, 탐라도야지의 보리새우 된장찌개. 이 정도로 무장하고 덤벼서 하루 200만 원 넘길 수 있다면 당신은 그 영광을 주위의 좋은 사람과 나눌 자격이 충분하다. 단, 게으르고, 장사 감각 떨어지고, 장사가 적성에 맞지 않는 가맹점주만 만나지 않는다면 말이다.

秘 ....

투자수익률이라 적었지만 사실 꼭 해주고 싶은 이야기는 매출 계획이었다. 이 계획을 짜면 생각이 달라진다. 초간단 지수표를 만들어 여러분의 꿈이 이루어지도록 도와드리고 싶었다. 목표가 있어야 지치지 않는다. 외롭게 어둠을 헤치고 나아가는 자영업 동지들에게 내비게이션이 되고 싶어 연구한 지수니 지금 당장 계산기를 꺼내 각자의 성적을 확인해보자.

회원제 무조건 도입하세요

2년 연속 미슐랭 가이드에 등재되며 가장 주목받은 중식당 진진. 왕육성 사부의 진두지휘 아래 직영 4호점까지 운영 중이다. 무서운 속도다. 미슐랭 가이드에 실리면 권위 덕분에 초대박이 나지만 비싸거나 문턱이 높다는 이유로 방문을 꺼리는 이들도 상당히 많다. 이런 고객들에게 파라다이스 같은 곳이 바로 진진이다.

비즈니스는 오너를 고스란히 닮는다. 쪼잔한 사장이 너그럽고 넉넉한 비즈니스를 할 가능성은 제로에 가깝다. 진진의 전략 중 가장 돋보이는 건 바로 회원제다. 이건 정말 대단한 아이디어이자 누구든 당장 적용할 수 있는 마케팅 비법이다. 등록 시에는 약간 아깝다고 생각할 수도 있겠지만 가입 즉시 혜택을 받을 수 있으니 어느 누가 마다하겠는가! 코스트코도 이렇게 성장했다.

일행이 넷이라 치자. 일행 중 한 명이라도 회원이면 20% 할인을 받는다. 넷이서 2만 원짜리 요리를 하나씩 주문하면 8만 원. 20% 할인하면 1만 6,000원을 그 자리에서 깎아준다. 회비의 절반을 오늘 퉁(?)치는 시스템이다. 단, 주류는 해당되지 않는다. 그러니 더 기가 막힌 묘수란 거다. 할인받는 금액이 커질수록, 심지어 할인금액이 회비를 넘어가면 혜택을 십분 활용하고 싶어진다. 돈을 쓰고 싶어 안달이 난다. 이는 곧 주류 매출로 직결된다. 대한민국 외식업자들이 주류 매출을 못 올려 안달인데 이 얼마나 사랑스럽고 훌륭한 노하우냐 말이다.

자주 드나들면 매번 20%를 할인해줘야 하니 결과적으로는 적자 아니냐고? 이런 답답한지고. 재방문하는 고객이 늘면 늘수록 장사는 성공한다. 입소문이 빠르게 난다. 꼬리에 꼬리를 문 신규 고객들이 달려와 회원가입에 목을 맨다. 그럼 업주 입장에서는 일거삼득. 회원 늘리고, 회비 적립하고, 매출 늘어나고.

진진의 회원 수는 3만 명이 훌쩍 넘는다. 1명당 회비 3만 원이라고 했으니 다들 계산이 되시리라. 해서 너그럽고 풍족하게, 저렴한 가격에 퍼줄 수 있는 거다. 해만 지면 인적이 드물어지는 서교동 끄트머리에 똬리를 튼 것도 다 치밀한 작전이었다. 한마디로 표현하자면, 회비 3만 원은 백두산 호랑이 잡던 전설의 사냥꾼들이 즐겨 쓰던 올가미 역할을 톡톡히 하고 있다. 수업 시간마다 이 이야기를 빼놓지 않는다. 반응은 딱 반으로 나뉜다.

"어이쿠! 20%씩이나 혜택을 주라고요? 그럼 남는 게 없을 텐데…

혜택이 쌓일수록 고통은 치유된다.
행인을 손님으로 만들고, 손님을 단골로
그리고 단골을 영원한 나의 팬으로 만들고 싶다면
공감하고 소통할 수 있는 멤버십에 주목하자.

."비책을 전수했는데도 망설이는 건 업종과 업태에 따라 적용 정도가 다르기 때문이리라. 단, 시행만 하면 최소한 중박은 거둔다. 제일 먼저 시도한 이가 안산 달빛한잔의 김재웅 대표다. 과감하게 배팅했다. 사실 김 대표는 고민이 많다며 컨설팅을 의뢰했던 친구다. 그는 진진의 3분의 1 가격인 1만 원을 회비로 책정했다. '배춧잎' 1장이면 다음과 같은 혜택을 볼 수 있다.

1. 1년 동안 주류 12병 지원
2. 1년 동안 할인 및 적립 (현금처럼 사용)
3. 가입 즉시 100,000 포인트 사용
4. 생일 1주일 전후 방문 시 케이크+선물 증정
5. 연회원만을 위한 시크릿 파티
6. 연회원 단체 방문 시 소주 1짝 or 맥주 1짝 지원
7. 적극적인 헌팅 지원

회원제는 고객에게 아지트를 만들어준다. 어디를 갈까 고민할 필요가 없다. 언제나 혜택을 볼 수 있는 공간이 있으니 말이다. 게다가 가면 갈수록 남는다는 사실은 정말 중독성이 강하다. 생각해보자. 생일 파티를 혼자 하겠는가? 케이크와 선물도 준다는데 친구들 다 몰고 가는 것은 인지상정. 거기다 현금처럼 쓸 수 있는 포인트도 적립해주니 꿩 먹고 알 먹기다. 멤버십을 도입한 김 대표가 어느 날 카톡

을 보내왔다.

"멋지게 돈 벌어서 사부님 모시러 갈게요~~"

이런 글을 받으면 가슴이 쿵쾅거린다. 김 대표의 노하우를 그대로 공개한 건 이 책을 읽는 여러분들과도 행복을 나누기 위함이다. 각각 조금씩 응용해서 적용한다면 훌륭한 시스템이 완성될 것이라 믿는다.

방배동에 위치한 와인 전문점 바베퐁차의 멤버십 혜택은 좀 더 강렬하고 심플하다. 연회원 가입비는 12만 원, 결코 적은 액수가 아니다. 하지만 특전을 보면 이해가 된다.

1. 전 메뉴 상시 10% 할인
2. 50,000원 와인 1병 Free
3. 50,000원 스파클링 와인 1병 Free

아주 단순하게 계산하자면 가입한 날 비용을 전부 회수할 수도 있다. 나머지 364일 동안은 방문하면 할수록 득이 된다. 기업, 호텔, 리조트, 카드회사 등에서 멤버십을 도입하는 이유다.

멤버십은 장전 기수가 진행될수록 강력하게 진화한다. 을지로 구름공방의 최재원 대표는 다섯 가지 특전을 내세우는 데 그 합계가 무려 87만 5,000원이다.

1. 매장 이용 시 크림생맥주 1잔 무료 제공 (1일 1회)

5 "왜"라고 3번 물어라

2. 가입 즉시 현금처럼 사용 가능한 50,000포인트 지급 (결제 금액 10%)

3. 생일 1주일 전후 방문 시 하우스와인 1병 제공

4. 기념사진 촬영 후 액자 사진 서비스

5. 토요일, 일요일, 공휴일 대관 시 맥주 1짝 서비스 (20인 이상)

고객은 돈을 지불하는 것을 고통으로 느낀다고 했다. 반면 본인에게 득이 된다고 생각하면 물불 가리지 않고 덤빈다. 혜택이 쌓일수록 고통은 치유된다. 행인을 손님으로 만들고, 손님을 단골로 그리고 단골을 영원한 나의 팬으로 만들고 싶다면 공감하고 소통할 수 있는 멤버십에 주목하자.

4초만 줄여도 살아남는다
사이제리야의 생존법

외식업 공부 좀 했다 하는 분들이라면 다들 아실 만한 일본 브랜드, 사이제리야. 국내에서는 《맛있어서 잘 팔리는 것이 아니다 잘 팔리는 것이 맛있는 요리다》라는 책으로 더 유명한 쇼가키 야스히코 회장의 대표 브랜드다. 저가격 경쟁은 격화되고 식재료 단가는 상승 중인 일본 외식 산업에서 극강의 저가 전략으로 열도를 장악했고 가격적 차별화에 있어서는 타의 추종을 불허하는 곳.

밀라노풍 도리야 299엔, 파르마풍 스파게티 399엔, 콘크림 스프 149엔….

메뉴판 전체를 둘러봐도 500엔 넘는 메뉴가 없다. 모든 것이 올라도 사이제리야는 오르지 않는다는 말이 있을 정도니 물가 비싸기로 유명한 일본에서 이 가격을 유지할 수 있다는 게 믿기지 않는다.

도대체 이들은 무슨 재주로 이렇게 저렴한 가격을 유지할 수 있을까?

5 "왜"라고 3번 물어라

사이제리야는 가격을 낮추기 위해 초 단위도 쪼개 쓴다. 무한 생존을 위해 그들이 찾아낸 것은 최대 효율, 바로 노동 생산성과 시스템 그리고 동선이다. 무시무시할 정도의 치밀한 계산이 노동 생산성을 극대화시켰다.

피크 타임을 제외하고는 1인 주방이 원칙이다. 그래서 인건비 부담이 적다. 스프는 1인분씩 소포장된 봉투를 찢어 접시에 담고 도마 바로 위에 있는 전자레인지에 넣는다. 그 사이 샐러드 채소를 한 주먹씩 접시에 담아 차례로 드레싱 소스를 뿌린다. 지중해풍 빠에야를 오븐에 넣은 다음 햄버거도 오븐에 넣는 데까지 채 10초가 걸리지 않는다.

등을 돌리면 오븐이고, 다시 등을 돌리면 조리대다. 동선이 짧고 전 처리된 재료들이 효율적으로 담겨 있는 덕분에 요리가 완성되는 시간이 짧다. 효율을 살려서 비용을 줄이는 것, 이게 사이제리야의 원칙이다. 5명이 주문한 15개의 음식이 전부 다 나오는데 10분밖에 걸리지 않는다. 그만큼 소분과 재료 손질이 완벽하다.

사실 이 주방 곳곳에는 놀라운 비밀들이 숨어 있다.

한 가지 예를 들자면 토마토를 8등분하려면 1개를 반으로 가르고, 갈라진 녀석들을 다시 반씩, 또 반씩 갈라야 한다. 이걸 샐러드에 올리기까지 대략 30초 정도의 시간이 걸린다. 사이제리야는 이 시간을 단축하기로 결심하고 전용 커터를 개발했다. 원기둥 모양의 커터에 토마토를 올리고 뚜껑을 닫으면 토마토가 8조각이 난다. 삐뚤빼뚤

고객을 불러들이고 매출을 올리는 것도 중요하지만
내 매장의 초당 생산성까지 계산해서 줄일 수 있다면
여러분은 전국 최고가 될 자격이 충분하다.

5 "왜"라고 3번 물어라

잘리는 경우도 없다. 30초 정도가 걸리던 토마토 자르기가 전용 커터 덕분에 4초로 단축되었다. 26초를 벌었다. 까짓 것 하고 대수롭지 않게 웃을지 모른다. 다른 예를 하나만 더 들어보자.

토마토 샐러드의 경우, 양상추 봉투를 잘라 접시에 담고 4초 걸려 자른 토마토 8조각을 상추 위에 올린다. 드레싱 소스를 흔들어 섞고 뿌리는 데 대략 8초 정도가 걸린다. 이 시간도 아깝다. 소스를 바꿨다. 침전물이 생기는 소스 대신 마요네즈처럼 걸쭉해서 사용 전에 흔들 필요가 없는 녀석으로 교체했다. 덕분에 4초를 더 벌었다.

극강의 노동 생산성을 위해 사이제리야의 회장과 그의 개발팀은 좀 더 디테일에 집중한다. 피자를 만들 때는 일반적으로 도우 위에 토마토 페이스트를 바른다. 이때 전 세계 어느 곳에서나 볼 수 있는 둥그런 반구 모양의 국자를 쓰기 마련이다. 사이제리야는 여기에도 타이머를 가져다 댔다. 바닥이 평평한 국자로 전부 교체했다. 소스통의 페이스트를 떠서 바르는 두 단계를 반으로 줄였다. 뜨자마자 피자 도우에 붓고 바로 그 국자로 바른다.

평균 시급이 1,000엔이면 약 1만 원 정도에 해당한다(2009년 3월 현재). 초 단위로 계산해보면 초당 약 2.8원이 된다. "애개~"할 일이 아니다. 토마토 자르는 특수 커터 덕분에 얻은 26초 곱하기 2.8원은 약 73원. 하루 15개 정도의 주문을 받고 있으니 73원 곱하기 15개는 1,095원. 전국의 약 900개 점포에서 1,095원씩이면 98만

5,500원. 일이 커진다. 1년은 365일이니 연 3억 5,970만 7,500원.

고객을 불러들이고 매출을 올리는 것도 중요하지만 내 매장의 초당 노동 생산성까지 계산해서 줄일 수 있다면 여러분은 전국 최고가 될 자격이 충분하다. 또 한 가지 주목할 만한 사실은 오븐이 넣었다 빼는 스타일이 아니고 슬라이딩 방식이라는 점이다. 입구 쪽에서 토핑한 피자 도우를 올리면 반대편에서 완성된 요리가 나온다. 그대로 접시에 담아 '땡' 하는 종소리와 함께 홀 직원에게 넘겨주면 임무 끝~! 4초의 차이가 사이제리야의 전설을 만든 셈이다.

⑥

최고의 가치를
선사하라

증명하고
살아남기

모두가 진정성과 본질을 말한다

성공한 CEO들의 에세이나 강연에 가장 많이 등장하는 단어가 본질과 진정성이다. 딱히 연상되는 것이 별로 없다. 그런데도 우리는 이야기를 들으며 고개를 끄덕이고 눈물을 흘리기까지 한다. 강연자의 입에서 나오는 단어 하나하나를 좇아 상상하고 예측하며 스스로 꿰맞추기에 도전한다. 그런데 정작 책을 덮거나 강연장을 나서면 이런 생각이 든다. 좋다. 감동이다. 헌데 뭘 어디서부터 시작해야 한단 말인가? 본질이 뭔데, 진정성은 어디서부터 시작하는 건데?

밥집은 밥이 맛있으면 되고 고깃집은 고기가 푸짐하고 신선하면 끝인가? 거기다 근사하게 사람이 답이라고 외치고 되새기면 끝이 나는가? 듣는 동안, 읽는 동안은 그럴 수 있다. 하지만 현실은 냉정하다. 지도가 없으면 길을 찾기 어렵다. 정상에 보물이 있다고, 경험하고 먼저 길을 밟은 사람들이 아무리 주장해도 들을 때뿐이다. 아이젠도 로프도 비상식량과 다운파카도 없는데 어찌 정상에 오르란 말인가? 주위 사람들 하나하나에게 잘하면, 최고의 재료로 요리를 만들면 모두가 정상을 밟을 수 있을까? 20년 넘게 남의 집 주방을 뒤진 사람으로서 이야기하자면, 어림없는 소리다.

본질을 파악하기 위해서는 먼저 이 문장을 한번 떠올릴 필요가 있다.

'너 자신을 알라.'

본질을 파악하기 위해서는 나를 알아야 한다. 나는 어디쯤에 속해 있고 무엇을 하고 있으며 남들에게 어떤 평가를 받고 있는가? 나는 경쟁력이 있는 사람인가, 내가 만든 작품은 고객이 돈을 들고 달려와 교환하고 싶은 가치가 충분한가? 이게 본질이다. 본질의 파악은 나를 해체하는 데서부터 시작된다.

해체하는 가장 좋은 방법은 바로 '장전 등식'이다. 아주 간단한 등식을 하나 만들었다. 이 등식에 칸을 채우기만 하면 여러분의 본질 그리고 경쟁력을 찾는 게 쉬워진다. 만약 삼겹살집이라면…

삼겹살 전문점
＝고기＋소금＋김치＋찌개＋쌈＋밥＋장＋젓갈＋술＋불＋불판…

본인 매장에 해당하는 주 메뉴를 해체하는 것이 시작이다. 도대체 고기를 어떻게 차별화할 것인지, 국산? 수입산? 숙성? 칼집? 소금은? 영국산 말돈을 도입해? 핑크색이 가슴 설레게 하는 히말라야 소금을

6 최고의 가치를 선사하라

내줄까? 고객은 주인장의 노동력을 높게 산다고 했으니 말린 표고버섯을 갈아서 소금과 섞어볼까? 김치는 어떤 걸 주어야 감동할까? 김치 명인에게 사사를 받을까, 지역 농협 제품을 받아볼까? 찌개에는 고기를 넣을까, 유부를 넣을까, 청국장과 반반씩 섞을까, 집된장과 블렌딩할까? 쌈채소는 셀프로? 아니면 비닐봉투에 담아서? (이를 실제로 적용한 식당이 있다. 로고가 박힌 비닐봉투에 상추를 넣어준다. 그냥 주면 서비스, 즉 공짜인데 비닐에 담아 주면 그만큼 고객의 뇌는 가치를 높게 친다.) 이마트의 친환경 쌈채소처럼 안개를 막 뿌려대는 채소 전용 냉장고를 도입할까? 밥은? 1회용 솥밥? 가마솥밥? 냄비밥? 잡곡밥? 조밥? 아니다. 기왕 공격할 거 쌈박하게 '와우' 소리가 날 정도로 도정 기계와 최신형 압력솥을 한 20대쯤 매장에 비치할까? 쌈장에는 견과류를 넣을까? 아니면 들깨가루나 미숫가루를 첨가해? 고추장, 된장, 다진 마늘, 참기름을 1:1:1:1로 넣어 확 마약을 만들어버려? 멜젓은 질렸다? 그럼 갈치속젓을 낼까? 토하젓? 아니다. 기왕이면 선택의 스펙트럼을 넓히게 젓갈 4종 세트를 줘버릴까? 남들도 다 내는 참이슬, 처음처럼 말고 좀 더 값어치 있는 주종은 없을까? 화요를 전국 최저가로 팔아? 특이하게 전통주와의 마리아주를 내세울까? 건강 생각하는 분들이 많으니, 그래, 와인을 접목시키자. 고객의 무의식에 건강과 관련이 있는 주류는 레드와인이니 가성비 좋은 레드와인을 준비하는 거야! 숯불로 명품을 만들려면 비장탄인데 이번 기회에 바꿔? 하향식 로스터로 다 교체해? 도긴개긴 경쟁자들도 다 쓰는 진회색 불판 대신 황

금색으로 바꾸는 건? 피아노줄 석쇠도 반응이 좋던데….

경쟁 우위에 설 수 있는 모든 요소를 적고 적극적으로 내 매장에 도입하는 거다. 한눈에 보이지 않는다면 '인생에서 승자가 되는 특급 비밀' 만다라트를 써보는 걸 강력히 추천한다.

위에서 한 고민을 바탕으로 칸 채우기를 해보자.

고기	김치	찌개
밥	삼겹살	젓갈
쌈채소	불/불판	소금

이렇게 정리하면 좀 더 선명하게 뇌에 새길 수 있다. 이제 삼겹살 을 둘러싼 8개의 칸을 하나씩 꺼내서 다시 각각 9개의 칸으로 확장 해보자.

윗줄 첫 번째 칸 '고기'. 매장 앞에 수족관을 준비하고 저온 숙성하 는 매장을 예로 들어보자. 이 고기를 어떻게 하면 더 경쟁력 있게 차 별화할 것인가 부연 설명을 디테일하게 붙이는 것이다. 콘셉트, 아이 덴티티, 스토리텔링 다 들어가면 더욱 탄탄해진다. 아래 제시하는 만 다라트가 정답은 아니다. 하지만 이 칸을 채우다 보면 고객에게 여덟

걸음 더 다가갈 수 있는 지름길을 마련하게 될 것이다.*

고향 아버지가 키워주시는 돼지고기	1도씨 침지 숙성	수족관
48시간 숙성	고기	다이아몬드 칼집
테이블 위 저울	방짜 유기 접시	?

* ?는 여러분이 채워야 할 숙제!

 생각은 정리가 필요하다. 이렇게 주인공을 부연해주는 8개의 가치 그리고 각각의 8가지 요소를 다시 8가지씩 확장하다 보면 그 어떤 경쟁자도 덤비지 못할 아성을 쌓을 수 있다. 디테일을 72가지나 장전했는데 무서울 게 무엇이 있겠는가?

- 이 양식은 '만다라트'라고 불리는 표를 응용한 것이다. 일본 디자이너 이마이즈미 히로아키가 1987년 고안한 것으로 원래는 9×9=81칸으로 구성되어 있다. '목적을 달성하는 기술'이라는 의미를 갖고 있는 이 도표를 자영업 오너들에게 맞게 적용해봤다.

세상에서 가장 쉬운 포지셔닝

여기저기 포지셔닝이란 말이 난무한다. 이것만 잘해도 사업에 성공한다는데 이놈의 포지셔닝이 여간 어려운 게 아니다. 뭔 놈의 법칙이 그리도 많은지 해석한 단어 쫓아가다 머리카락 다 빠질 판이다. 쉬워야 오래간다.

포지션이란 무엇인가? 농구나 축구를 생각해보자. 맞다. 공격, 수비, 가드, 날개… 경기에서 내가 지켜야만 하는 위치다. 감독과 코치가 바보가 아닌 한 이 영역만 제대로 지키면 게임에서 승리할 수 있다.

반드시 지켜야 할 나의 자리와 역할. 자, 그럼 여러분은 각각의 카테고리에서 어떤 역할을 할 것인가? 배고픈 고객 모두 다 살려보겠다고 덤비니 자기 포지션 하나 지키지 못하고 이리저리 헤매는 아마추어처럼 보이는 거다. 진짜 프로는 자기 영역을 목숨 걸고 지킨다. 그러다가 공간이 보이면 찰나의 망설임도 없이 치고 들어간다. 다시

6 최고의 가치를 선사하라

말해 자신의 영토를 넓혀간다.

스포츠 경기에서 전쟁 용어를 많이 사용하는 이유도 결국 영역 싸움이기 때문이다. 성을 빼앗기고 마지노선이 무너지면 전쟁에서 패하듯 내 땅은 무조건 지켜내되 호시탐탐 빈 땅을 노려야 한다. 자영업 오녀의 이야기에 대입해보자. 상권을 분석한다. 전문가가 아니면 그리고 타고난 장사의 천재들이 아니라면 쉬운 일이 아니다. 책도 읽고, 상권 분석 시스템도 적용하고 나름 애를 썼다. 그리하여 내린 결론! 이 상권에서 난 삼겹살로 버텨낼 거다. 그러면 이건 내 영역이다. 아무도 치고 들어올 엄두를 못 내게 만들어야 한다.

경쟁자가 없는 무주공산이라면 문제가 없지만 이미 선점하고 있는 브랜드가 있다면 골치 아파진다. 도대체 들어가야 하나 말아야 하나? 같은 업종이 모이면 더 잘된다는 이야기도 있는데 들어가? 말어? 아이러니한 건 아마추어일수록 무모하다는 것이다. 까짓 거 한 번 죽지 두 번 죽겠냐는 심정으로 남의 영역을 파고 들어간다. 상대 선수는 백전노장. 이 선수를 제치고 내 땅으로 만들고 싶으면, 즉 그 포지션을 오롯이 내 것으로 만들고 싶으면 차가운 뇌와 뜨거운 심장 그리고 튼튼한 허벅지가 필요하다.

백전노장이 이미 하고 있는 전략을 구사하면 백전백패한다. 오히려 그가 가지지 못한 발재간과 돌파력 그리고 골 결정력이 있어야 그나마 팬들의 뇌에 기억된다. 인간은 강자 편이기 쉽지만 대결 구도에서는 은근히 약자가 승리하기를 기대해보는 아주 묘한 특성을 가지고 있다. 백전노장이 발휘할 수 있는 거의 모든 기술에 젊은 패기까지 살아 있다면? 톱클래스의 선수를 제치고 골까지 넣는다? 삽시간에 팬들은 루키 편으로 돌아선다.

비즈니스도 다르지 않다. 아무도 점거하고 있지 않은 포지션이라면 상대적으로 쉽지만 누군가 선점하고 있는 시장에서 같은 아이템으로 승부를 보기란 만만치 않다. 상대가 가지고 있는 매력은 나에게도 100% 있어야 하고 거기에 더해 고객이 상상하지도 못할 선물 같은 서비스까지 구사해야 팬들에게 각인된다. 이게 포지셔닝이다.

골키퍼 하면 누구, 스트라이커하면 누구라고 가지고 있던 팬들의 선입견을 지워버리고 당신만 기억하도록 만드는 방법. 계란 프라이, 비타민, 일회용 앞치마 등을 강조하는 건 바로 이 때문이다. 삼겹살집 하면 떠오르던 백전노장의 이름을 지워버리게 만드는 필살기. 많으면 많을수록 좋다. 디테일하면 디테일할수록 공격에서 성공할 가능성이 높아진다. 정반대도 마찬가지다. 드래프트 1순위 루키가 호시탐탐 내 영역을 노린다. 자칫 한눈을 팔다가는 내 땅을 빼앗긴다. 내가 잊히고 그가 기억될지도 모른다. 이런 심정으로 덤벼야 살아남을 수 있다.

한 가지 더. 플레이 스타일이 같아서는 구별이 어렵다. 프로 축구를 보면 많은 선수들이 아주 독특한 색깔의 운동화나 헤어스타일을 하고 있는 것을 볼 수 있다. 그냥 심심해서 그러는 게 아니다. 분명한

6 최고의 가치를 선사하라

이유가 있다. '나'라는 존재 그리고 내 플레이를 고객들에게 각별하게 알려 오래도록 기억에 남기 위함이다. 그저 개성이라는 말로는 설명이 부족하다. 이건 일종의 전략이다. 자영업에도 고스란히 적용된다. 핑크색이나 스카이블루 컬러로 염색을 하고 다니자는 소리가 아니다. 내 아이템과 브랜드에 색을 입히자는 소리다.

色. 이건 생각이 없으면 만들어지지 않는다. 나만의 스타일, 나만의 색을 만드는 작업이 바로 생색生色이다. 부정적인 의미로 자주 쓰이지만 사실 남과 나를 구분하는 훌륭한 생각을 드러내는 게 바로 생색이다.

같은 카테고리 안에 있는 사람들과 색깔이 같으면 묻힌다. 비즈니스 세상에서 제일 경계해야 할 것을 꼽으라면 소리 소문도 없이 묻히는 거라 주장하고 싶다. 그러니 죽어도 잊히지 않으려면 내 브랜드를 구성하는 모든 요소에 나만의 색을 입히자.

그까짓 소금 하나도 그냥 주면 묻힌다. 사소해 보이지만 소금에도 내 생각을 입혀 나만의 색을 낼 수 있다. 이때 가장 중요한 것이 바로 내 생각이 고객을 단 1%라도 더 행복하게 해줄 수 있느냐는 거다. 튀어보겠다고 이런저런 생각을 넣었는데 고객의 만족과 거리가 있다면 그건 헛수고고 쓸데없는 짓이다.

이런 색깔과 상징 그리고 누구보다 빠른 기동력이 접목되어야 내 영역을 지키고 남의 침범을 막을 수 있다. 만약 그저 그런 기술로, 남들도 다 알고 누구나 발휘하는 테크닉으로 지지부진한 게임을 뛰다 볼이라도 빼앗긴다면 그라운드를 가득 메운 수만 명의 관중들과 이를 시청하고 있는 수백만 명의 시청자들은 비웃을 것이다. 그러고는 이렇게 내뱉겠지….

"쟤는 도대체 무슨 생각으로 멍하니 서 있는 거야!"
"뇌가 있는 거야 없는 거야?"
"감독님! 쟤 좀 빼라니까요! 이러다 게임에서 진다니까요!!!"

공을 빼앗기는 것과 고객을 빼앗기는 것 모두 영역 싸움, 즉 포지션 전쟁에서의 패배를 의미한다.

다시 한번 정리한다. 삼겹살 하면 당신 브랜드가 생각나고, 라면, 칼국수, 치킨, 불고기, 갈비, 김치찌개, 족발… 하면 당신의 브랜드만 생각나게 하는 게 포지셔닝이다.

굴러온 돌이 박힌 돌을 빼내듯 고객들의 고정관념 속에 담겨 있는 1등 브랜드들을 빼내고 당신 브랜드를 끼워 넣어야 카테고리 내에 당신의 자리가 생긴다. 그것도 독보적으로. 여기에 재미와 놀이라는 개념까지 도입하면 절대무적이 된다. 영역만 지키는 것이 아니라 팬 서비스까지 수행하는 거다.

경기에서의 플레이나 골 세리머니도 이만저만 재미있는 게 아니다. 골라 먹는 재미. 사진 찍는 재미. 관여하는 재미. 만들어 먹는 재미. 이벤트 재미 등 즐거움은 우리의 뇌에 도파민을 분비시킨다. 그리고 이내 중독이 된다. 스포츠를 좋아하고 내기를 좋아하는 이유도 이 재미와 중독 때문이다. 마약처럼 중독시키지 못하면 포지셔닝은 어림없다.

秘 ....

기존 개념에 얽매이지 말자. 용어 하나도 남들과 똑같이 해석한다면 플레이에서 자유로워질 수 없다. 세계적인 석학들이 언급한 이론과 개념들을 여러분 스타일로 해석해서 적용해보자. 그래야 관객들이 환호성을 지를 독특하고 개성 있는, 잊고 싶어도 잊을 수 없는 여러분만의 스타일과 플레이가 완성된다.

잠들어 있던 추억을 깨워라

"경험을 팔아라."

상품 대신 경험을 팔라고 한다. 지금까지 겪어보지 못한 신선한 것이어야 한단다. 고객의 감성을 건드릴 수 있는 '긍정적 경험'이어야 한다고도 강조한다. 한두 명의 주장이 아니다. 그런데 우리 업장에서 또 내 브랜드에서 상품 대신 팔아야 할 경험이란 게 도대체 무어란 말이다. 워낙 많은 자영업 오너 분들을 만나다 보니 단어에 집착해서 골머리 앓는 분들을 종종 만난다. 이럴 때마다 아주 간단한 해결책을 알려드린다.

"아무리 좋은 개념도 내가 납득하지 못하면 남을 설득시킬 수 없어요. 경험이라는 단어는 아주 소중하니 우리 선생님 스타일로 해석을 좀 바꿔보면 어떨까요?"

원서를 척척 넘겨가며 보실 수 있고 매년 최고 매출을 경신하는 선수들이야 앞뒤 맥락 파악해가며 이해할 수 있겠지만 이 처절한 불경기를 벗어나보고자 홀로 외롭게 피땀 흘리는 분들은 글을 읽다 막히면 답답해 미치겠단다.

강연 시간에 꼭 보여드리는 영상이 하나 있다. 김포 태백산에서 촬영한 동영상이다. 정갈하게 차려 입은 직원들이 카트를 밀고 다가와 테이블 위에 반찬을 올려놓는다. 마지막 접시는 배추김치다. 그런데 자르지 않았다. 이내 앞치마에서 일회용 비닐장갑을 꺼내 두 손에 끼고 김치를 찢기 시작한다.^{QR}

"와우! 잠깐만요~!"

스마트폰 카메라를 켜고 동영상을 촬영했다. 불과 10초 정도밖에 걸리지 않았다. 이건 최고급 한정식 집에서도 느낄 수 없는 경험이다. 김치를 찢는 동안 아주 많은 생각을 했다. 강연장 대형 모니터에 틀면 사방이 쥐 죽은 듯 고요해진다. 그 큰 공간에 김치 찢는 소리와 침 꼴깍 넘어가는 소리만 들린다.

"자, 누가 제일 먼저 생각나세요?"

"어머니요." "할머니요."

······························
김포 태백산.
최고급 한정식 집에서도 느낄 수 없는 경험.

누군가에게 의미 있던 기억이
다시 떠오를 수 있도록 장치를 만드는 게
바로 경험을 파는 것이다.

6 최고의 가치를 선사하라

이분들의 표정이 편안해지고 미소가 번진다. 내가 다 행복해지는 순간이다. 다시 묻는다.

"한 분 더 계시죠. 김치 찢어주는 제3의 여인?"

"……."

"마누라요. 6개월 때까지만요."

자문자답에 강의실은 까르르 웃음바다가 된다. 내가 생각하는 경험은 이런 거다. 상품이나 서비스를 접했을 때 좋았던 기억이 떠오르는 것. 그러니 '경험을 팔아라'를 지금까지 마케팅 서적들에서 언급한 대로만 해석하지 말고 우리에게 맞게 풀어본다면 '지금은 잊고 있지만 무의식에는 저장되어 있는 장면들을 꺼내 다시 떠올리게 만드는 비법'이라 정의하고 싶다.

장조림을 찢어주고, 파절이를 눈앞에서 무쳐주고, 커다란 양푼에 밥과 나물을 넣고 썩썩 비벼주는, 이런 단서들이 추억을 소환해서 고객의 뇌를 행복하게 만들어준다. 누군가에게 의미 있던 기억이 다시 떠오를 수 있도록 장치를 만드는 게 바로 경험을 파는 것이다. 물론 이런 아름다운 경험을 내 매장에서 제공했는데 이제껏 경쟁 업소에서는 누려보지 못한 아주 새로운 '경험'이라면 10배는 더 빛날 것이다.

최악의 불경기다. 불경기에는 뇌가 스스로 기쁨을 찾아 나선다. 이미 조작돼버린 기억 속에서 가장 행복했던 추억을 꺼내 다시 향유하고 싶어 한다. 최근 90년대 음악이 다시 부활하는 것에도 이런 경제

@평택 민족의 부대찌개

고객의 뇌 속으로 들어가자.
최대 다수가 공통으로 가지고 있는
아주 특별하고 소중했던 일상의 추억을 꺼내
다시 한번 느끼게 해주면 된다.

6 최고의 가치를 선사하라

적 배경이 숨어 있다. 복고라는 이름을 뒤집어쓰고 생활 문화 전면에 나선 이것을 우린 '향수'라고 부른다.

기업의 실적이 하락하고, 부채가 증가하고, 고용이 불안해지면 이 향수 마케팅이 아주 잘 먹힌다. 그러니 경험과 향수를 치밀하게 녹이면 생존 키트가 완성된다. 고객의 뇌 속으로 들어가자. 그리고 최대 다수가 공통으로 가지고 있는 아주 특별하고 소중했던 일상의 추억을 꺼내 다시 한번 느끼게 해주면 된다.

기름에 튀긴 누룽지
비 오는 날 김치전
계란 장조림

너와 나의 연결고리가 가장 좋은 경험이다. 생각해보시라. 비 오는 날 오전 10시 30분쯤 고객들에게 7초짜리 동영상을 보내주자. 카톡이나 문자에 촌스럽게 '안녕하세요? 유진 감자탕 성수점입니다…' 라고 보내면 고객은 내 번호를 바로 지워버릴 것이다. 무언가 팔려고 덤벼드는 스팸처럼 보이니 말이다. 대신 기름을 반짝하게 두른 뜨거운 프라이팬 위로 김치전 반죽을 한 국자 쏟아 붓는 영상을 기록하자.

'치이이이이익~!'

눈과 귀를 건드린 자극은 두 가지 반응을 일으킨다. 침샘에 지시를 내려 침을 분비하게 만들고 어린 시절 김치전 부쳐 먹던 경험을 무의식 속에서 스캔한다. 김치전 맛있게 준비해놓겠다는 멘트도 좋고 그냥 상호만 적어 보내도 된다. 반드시 뇌에 새겨진다. 식사를 마친 고객들에게 누룽지를 한 대접씩 올려도 좋고, 어머니가 생각나게 고등어와 삼치를 발라줘도 기가 막히고, 누룽지를 기름에 튀긴 뒤 설탕에 버무려 종이컵에 담아줘도 좋다. 무엇이 됐든 여러분의 배려가 고객들의 좋은 기억과 연결되도록 신호를 심으면 깊게 박힌다.

돌아올 대답은 뻔하다.

"이야~~~! 누룽지 튀김이다!"

이렇게 외치지만 순간적으로 뇌에서는 이렇게 말할 것이다.

'그때 누가 튀겨줬더라…? 아 맞다! 엄마.'

그렇게 고객은 이미지와 경험 검색을 이어간다.

내게도 이런 아스라한 기억이 남아 있다. 도시락 반찬을 빼앗길까 봐 걱정한 나머지 밥을 담기 전 바닥에 슬라이스 치즈 한 장과 계란 프라이를 깔아주시던 바로 그분.

이제는 주름 가득한 내 어머니가 싸주던 그 도시락이 꼭 한 번 먹고 싶은 오늘이다.

관여할수록 가치가 올라간다
Part 1

라스베이거스 출장 중, 길게 늘어선 줄을 보고 걷던 길을 멈췄다. '800 디그리^{degree}'라는 피자 가게다. 열린 창밖으로 치즈향이 뿜어져 나온다. 궁금해 견딜 수가 없어 가게 안을 들여다보니, 와우~! 장전 수업 시간에 그토록 강조하던 모델이 바로 그곳에 있었다. 늘 어떻게 하면 고객이 인정할 만한 가치를 만들어낼 것인가를 고민하는 내겐 보물 같은 곳이 아닐 수 없다. 오너와 스태프들은 매 순간 가치를 창출하고, 그 가치를 받아들인 고객은 지갑을 여는 현장이었다.

책을 아주 많이 읽은 분이나 비즈니스에 상당한 관심이 있는 분들이라면 아마도 '관여'에 관한 이야기를 많이 들었을 것이다. '고관여', '저관여'…. 이는 '소비자 관여'^{consumer involvement}를 말한다. 한국심리학회의《심리학 용어사전》에서는 그 뜻을 이렇게 적고 있다.

> 관여도란 특정 제품에 관련하여 개인적 관심의 정도나 지각된 중요성이라고 할 수 있다. 관여도 수준에 따라 소비자는 일반적으로 제품이나 서비스를 구매하고 사용함으로써 얻을 수 있는 혜택을 극대화하고 위험을 극소화하기 위해 행동한다. 제품 관여는 수준에 따라 고관여 high involvement와 저관여 low involvement로 나뉜다. 소비자가 어떤 대상이 자신에게 중요한 영향을 미친다고 지각하면 그것에 대해 더 많은 생각과 추론을 하고 더 많은 정보를 추구하고 탐색한다. 그에 따라 상대적으로 최적의 선택을 하게 되는 쪽으로 정보를 처리한다. 즉, 관여도가 낮은 경우에는 소극적이거나 최소 비용의 정보 처리를 하는 반면에, 관여도가 높은 경우에는 적극적이고 고비용의 정보 처리를 하고 제품이나 서비스를 구매한다.

뜻은 이해하겠는데 어떻게 현실에 적용해야 할지 모르겠다? 이런 분들을 위해 '고객의 참여, 간섭'이라는 조연을 등장시켜 재해석해보자.
"관여가 가치를 만든다."
하루에도 10번씩 강조하고 되뇌는 문장이다.
최대의 혜택과 만족을 누릴 수 있는 소비를 위해서는 가치가 필요하다. 가치가 없으면 교환도 거래도 이루어지지 않는다. 장사는 거래다. 그래서 교환 가치가 없으면 외면당한다. 즉 거의 모든 경제행위는

6 최고의 가치를 선사하라

가치를 어떻게 만들어내느냐가 관건이다. 이걸 좀 더 생산적인 단어로 부연설명하고 싶었다.

퍼포먼스＋커뮤니케이션＋선택

이 세 가지 단어를 조합한다면 분명 가치를 만들어낼 수 있다. 관여는 억지로 만들어서는 안 된다. 아주 치밀한 설계도를 통해 자연스레 침투할 수 있게 만들어야 아름답고 근사하고 설득력 있는 관여가 이루어진다.

다시 800 디그리 피자 가게로 가보자. 길을 걷던 내 주의를 끌었던 것은 움직임이었다. 인간은 움직임을 포착했을 때 무의식이 반응한다. 피자집 안에서 능숙한 솜씨로 허공을 향해 도우를 날리는 행위가 나를 잡아 세운 것이다. 첫 번째 단서다. 퍼포먼스는 반드시 고객의 발길을 사로잡는다. 정확히 말하면 행인을 손님으로 만드는 데 퍼포먼스가 중요한 역할을 한다고 할 수 있다. 단순하게 시선만 빼앗긴 것이 아니라 마음까지도 빼앗겨버렸다.

이 순간부터 연상이 시작된다. 마치 예언자마냥 다음 행보를 읽는다. 동시에 점찍어둔 피자를 먹기 위해 대기 줄에 서면서부터 맛있는 상상을 시작한다. 이런 구조의 식당에서는 커뮤니케이션을 피할 길이 없다. 애초에 설계된 그림이다. 종이에 체크하는 것으로는 부족하다. 좀 더 나은 선택을 위해 아니 더 많은 혜택을 누릴 수 있는 선택

800 디그리 피자 가게.
퍼포먼스는 반드시 고객의 발길을 사로잡는다.
행인을 손님으로 만드는 데 퍼포먼스는 매우 중요한 역할을 한다.
단순히 시선만 빼앗는 것이 아니라 마음까지도 빼앗는다.

6 최고의 가치를 선사하라

을 하기 위해, 적극적으로 대화에 참여한다. 아무리 에너지를 아끼느라 넌버벌 커뮤니케이션(non-verbal communication: 말하지 않고 몸짓 등으로 소통함)이 득세하는 세상이라지만 여기선 무리다.

대화 내용은 이렇다.

"도우는 뭘로 해줄까?"

"요새 제일 잘나가는 토핑이 뭐니?"

"나 버섯 알레르기 있는데 추천해줄 토핑은 뭐야?"

"배가 많이 고픈데 소시지랑 햄 듬뿍 부탁해."

끊임없이 눈을 마주치고 싱싱한 재료들을 번갈아 보며 신나게 커뮤니케이션을 한다.^{QR} 난 또 한 번 피자가 만들어지는 과정에 관여한 것이다. 이윽고 내 담당은 반죽 덩어리를 꺼내서 누르고 비비고 돌려가며 평평하게 편 뒤 이내 허공을 향해 내가 미치고 말았던 그 퍼포먼스를 펼친다. 이 순간 고객은 딱 한 가지만 생각한다.

'맛있어져라~ 맛있어져라~.'

내 담당은 얇아진 도우를 나무 도마 위에 올려놓고 옆 친구에게 쓱

고객은 좀 더 고생해주는 브랜드를 선호한다. 노동력을 투입해
가치가 더 높아진 제품과 현금을 교환하려는 건 본능이다.

내민다. 옆자리에서 대기 중인 스태프는 주문서와 나를 번갈아 본다. 내가 선택한 재료들이 하나하나 빨간펜으로 체크된다. 씨익 웃어주 거나 고개를 끄덕이는 정도면 충분하다. 그리고 그의 손을 따라 수십 개의 과일과 채소, 버섯이 피자 도우 위에 쌓이는 걸 보면서 참견을 하면 된다.

그의 퍼포먼스도 만만치 않다. 나의 관여로 인해 평범한 퍼포먼스 가 아주 특별해진다. 내 생각과 판단이 컨트롤한 퍼포먼스니까. 두 손을 꼼지락대며 치즈를 쪼개고, 버섯을 찢고, 채 썬 잎채소를 흩날 린다. 그의 손이 움직일 때마다 가슴이 쿵쾅댄다. 이렇게 싱싱한 재 료들이 이제 곧 내 입으로 들어온다. 양 볼에 침이 고인다. 난 그만 컬러풀한 식재료들에 내 마음과 뇌를 빼앗겨버렸다. 구워진 식재료 들은 입에 넣고 깨물어봐야 그 맛을 알 수 있다. 하지만 이런 경우는 먹기도 전에 맛있다.

"정말 미안한데…, 추가 금액을 지불할 테니 이미 체크한 재료들 말고 몇 가지 더 추가해도 되니?"

"그럼, 문제없어~."

눈앞에 펼쳐진 채소 농장 앞에서 과소비를 하고 만다.

눈으로 확인할 수 있으면 고객은 더 지불할 의사가 생긴다. 난 또 한 번 관여하고 말았다. 그러고 보니 비록 남의 손을 빌리긴 했지만 내가 먹을 피자를 완성하는 데 최소한 70~80%는 관여한 셈이다. 고개를 살랑살랑 흔들며 이 친구가 나에게 확인을 받는다. 입 꼬리를

6 최고의 가치를 선사하라

올리면 고개를 끄덕여준다. 오케이 사인이다.

커다란 삽으로 나무 도마를 들어 화덕 안으로 밀어 넣는다. 화덕 안에서 활활 타는 장작들이 나의 피자를 맞이한다. 탁탁 소리를 내는 장작 덕분에 두 배 세 배는 더 맛있게 느껴진다. 원래는 자리로 돌아가 기다려야 하지만 나는 뒤로 살짝 물러서서 화덕을 응시했다.

'와우! 1분 30초 뒤면 난 토마토와 치즈 향이 묵직하게 깔린 피자를 먹을 수 있다. 한 입 깨물면 치즈와 채소 즙이 줄줄 흐르는 피자와 목이 따끔대는 콜라를 마시며 인증샷을 찍을 것이다. 그러곤 이내 SNS에 상황을 중계하겠지….'

전통시장에서 김밥이나 전을 파는 우리 이모님들도 관여를 이끌어낼 수 있어야 한다. 가치를 만들고 그걸 교환해야 거래가 성사된다. 어지간해서는 즉석 떡볶이집이 망하지 않는 이유도 관여와 밀접한 관계가 있다. '즉떡'집을 찾는 고객들은 거의 대부분 메뉴에 직접 개입해 좋아하는 식재료만 고른다. 가장 적극적인 형태의 관여가 이루어진다.

장사는 그리고 비즈니스는 수익을 올리는 게 목적이다. 소금이든 김치든 만두나 송편의 소든 고객이 관여하면 할수록 가치가 올라간다. 고객에게 선택할 수 있는 기회를 주자. 어떻게 하면 하나라도 더 관여하게 할 수 있을지 작전과 전략을 짜자. 고객이 더 지불할 의사를 느끼게 하려면 그를 요리 과정 속으로 좀 더 깊숙이 끌어들여야 할 것이다.

관여할수록 가치가 올라간다
Part 2

1일 매출 2,900만 원.

8,000원짜리 냉면을 팔아서 올린 기록이다. 한여름의 이야기다. 물론 이보다 더 파는 날도 있고 덜 파는 날도 있다. 수업 시간에 이 집 이야기를 꼭 꺼내는 데는 다른 이유가 있다. 성적을 이야기하면 바로 탄성이 이어진다. 농담 삼아 질문을 던진다.

"다들 이 정도는 파시지 않나요?"

강의실에 찬물을 끼얹었다. 다음 시나리오 때문이다.

"궁금하시죠? 어떻게 이 큰 매출이 일어나는지?"

그리고 바로 사진을 보여준다.

"혹시 여러분 매장의 포스 페이지가 한 장이 아니고 두 장 이상이 신 분?"

6 최고의 가치를 선사하라

겨우 한두 명이 손을 든다. 기본 메뉴가 많은 집이거나 사이드 메뉴를 분류하느라 두 페이지로 넣은 경우가 전부다.

30년이 넘도록 고객의 인기를 한 몸에 받고 있는 유천냉면의 포스 사진을 보자. 첫 페이지는 별반 차이가 없다. 그런데 두 번째 페이지는 일반 식당과 180도 다르다. 부가메뉴 아래로 19개의 추가 주문 내역이 보인다.

참기름×, 다대기×, 다대기 따로(물), 다대기 따로(비빔), 오이×, 깨×, 만두 먼저, 부추전 먼저, 얼음×, 푹 삶기, 양 많이, 찬 육수, 그릇, 무김치, 가위질, 다대기 적게, 보류, 모두 따로, 오이 따로

도저히 상상할 수 없는 일이 지금 이 순간에도 벌어지고 있다.

참기름 싫어하면 빼주고, 매운 거 싫어하면 따로 주고, 오이와 깨 향이 거북스러운 일부 손님의 기호까지 고려한다. 만두 먼저 먹고 냉면은 나중에 먹었으면 하는 분들을 위해 서빙 순서도 맞춰주고, 이가 시린 어르신들을 위해서는 얼음을 빼드리고, 노인 분들을 위해서는 면 삶는 시간을 늘린다. 덩치가 큰 분들에게는 주인장이 먼저 "양 많이 드릴까요?"라고 여쭙고, 찬 육수 더 드시고 싶은 분들을 위해 별도 육수도 한 그릇 더 드리고, 두 분이 오셔서 한 그릇 시키면 눈을 흘기는 대신 나누어 드시라고 그릇도 하나 더 내드린다. 무김치 좋아하시는 분들을 위해 양을 더 내고, 포장 손님들께 비비기 편하시라고

가위질 해드리고…

기절할 일이다. 아니, 일반 식당에서는 상상도 하기 어려운 일이다.

또 있다. '보류'는 반려견 때문에 2명만 먼저 먹고 1그릇은 보류해 두었다 달라고 하면 그때 냉면을 내주고, '모두 따로'는 아예 면과 양념장, 고명을 전부 따로 내고, 오이가 더 필요한 분들을 위해 오이만 따로 추가해서 낸다.

유천냉면의 포스는 '관여가 가치를 만든다'는 말을 정확히 보여준다. 유천냉면은 냉면이라는 저관여 제품을 고관여 제품으로 만들어주었다. 고객의 고민과 의견을 많이 반영해서 그만큼 가치를 더 느끼게 해주었다는 소리다. 일본의 라멘집에서 육수 농도, 면 삶는 정도, 고명 유무를 선택하게 만드는 것도 관여와 관계가 있다.

세계적으로 인기를 끌고 있는 치폴레, 점점 두터운 팬층을 구축하고 있는 서브웨이 등도 고객이 관여하게 만들어 가치를 올리는 무서운 전략을 구사하고 있다. 내 의견이 반영된다는 것은 지상 최고의 가치다. 내가 지불하는 금액보다 더한 가치를 얻어야 고객의 지속적인 방문이 가능해진다.

아직도 개념을 못 잡으셨다면 스테이크집을 연상해보면 쉽다. 1만 원 정도의 스테이크집은 알아서 구워준다. 하지만 3~4만 원 이상 되면 서버가 묻는다. 고기의 굽는 정도는 어떻게 해드릴까요? 고급스러운 파인다이닝 레스토랑이나 초고가 오마카세 요리집에서나 이러한 고객 관여가 가능하다.

6 최고의 가치를 선사하라

헌데 유천냉면은 이들보다 훨씬 오래전부터 이 전략을 고집해왔다. 내 집을 찾아주는 고객 한 분 한 분이 고마워서 입맛을 맞춰드렸단다. 온화한 얼굴이지만 안경 너머로 보이는 최도현 대표의 눈빛은 매서웠다. 고객을 정말 가족으로 생각한다면 막 내줘서는 안 된다. 주문 단계부터 하나하나 의견을 경청하고 더 해드리지 못해 죄송한 심정으로 맞아야 그이들도 여러분에게 고개를 숙인다.

바쁘다는 이유로 균일하게 만든 시스템을 적용해서 고객을 일반화하니 이분들도 변심하는 거다. 여러분 누구라도 이 자세라면 경쟁자들이 상상도 할 수 없는 성적을 올릴 수 있을 것이다.

더 놀라운 건 이걸로 끝이 아니라는 사실. 사진(298쪽)을 본 여러분이 나처럼 가슴과 얼굴이 뜨거워졌으면 좋겠다.

1. '간×'는 갈비탕이나 온반 또는 떡만둣국 간을 싱겁게.
2. '덜 맵게'는 얼큰 온반 매운맛을 조절.
3. '살짝 김만'은 포장하는 분들을 위한 배려. 3분만 김을 쏘인 뒤 포장하면 다시 쪘을 때 모양이 흐트러지지 않아서 낸 아이디어.
4. '바싹'은 부추전을 바싹 구워 드림.
5. '식후'는 포장 손님들이 식사 후에 뜨겁게 혹은 차갑게 가져가실 수 있도록 요청하면 포장해드리는 배려.

물냉면 8,000원	물냉면(옵션) 8,000원	물냉면(포장) 8,000원	물사리 3,000원	김치왕만두 6,000원	김치왕만두(포장) 6,000원
비빔냉면 8,000원	비빔냉면(옵션) 8,000원	비빔냉면(포장) 8,000원	비사리 3,000원	고기왕만두 6,000원	고기왕만두(포장) 6,000원
회냉면 9,000원	회냉면(옵션) 9,000원	회냉면(포장) 9,000원	사리(포장) 3,000원	반반만두 6,000원	반반만두(포장) 6,000원
갈비탕 12,000원	갈비탕(포장) 12,000원	부추전 6,000원	순메밀온면 10,000원	새우만두 6,000원	새우만두(포장) 6,000원
육회냉면 13,000원	돼지불고기 9,000원	돼지불고기(포장) 9,000원	맑은온반 8,000원	얼큰온반 8,000원	◀ ▶

■ 부가메뉴

참기름X *속성*	다대기X *속성*	다대기따로(물) *속성*	다대기따로(비빔) *속성*
오이X *속성*	깨X *속성*	만두면저 *속성*	부추전면저 *속성*
얼음X *속성*	풋살기 *속성*	양많이 *속성*	찬육수 *속성*
그릇 *속성*	무김치 *속성*	가위질 *속성*	다대기적게 *속성*
보류 *속성*	모두따로 *속성*	오이따로 *속성*	

■ 부가메뉴

풋살기 *속성*	간X *속성*	덜맵게 *속성*	살짝김만 *속성*
찌기 *속성*	바싹 *속성*	보류 *속성*	따로 *속성*
모두따로 *속성*	차갑게 *속성*	식후 *속성*	파X *속성*
후추X *속성*	소면X *속성*		

수백 명의 기호를 다 맞춰주는 집은
유천냉면이 유일하다.
고객의 의견이 반영된다는 것은
지상 최고의 가치다.

6 최고의 가치를 선사하라

불경기, 소비 위축, 평양냉면 광풍…. 외부 위협이 아무리 강해도 유천은 끄떡없다. 방문하는 모든 고객의 기호를 전부 맞춰주는 집은 이곳이 유일하니까.

베스트 메뉴와 히트 메뉴

'햄릿 증후군'이라는 게 있다. "죽느냐 사느냐 그것이 문제"라고 외쳤던 셰익스피어의 대표작 《햄릿》의 대사에서 착안한 용어다. 인간의 선택 장애 상황을 말하는데, 1년 365일 무엇을 선택할 것인가 고민하는 우리를 고스란히 투영해준다. 정보의 홍수나 선택의 폭이 넓어서라고 설명하기에는 뭔가 석연치 않은 구석이 있다.

선택지가 많으면 무조건 선택에 어려움을 겪을까? 혹시 그 대상들이 다 거기서 거기 같아 보여 그런 건 아닐까? 이 현상을 꽤 오랜 시간 고민해왔다. 왜 모두들 매일 매일 내 브랜드를 선택하지 않을까? 선택할 것이 많아서?

글쎄다. 좀 다른 시각으로 이 문제를 풀어보고자 한다. 도대체 왜 고민을 할까? 이건 대답이 쉽다. 후회하고 싶지 않아서. 인간은 후회를 정말 싫어한다. 짜장면 시켰는데 짬뽕을 주문하지 않은 걸 후회하

6 최고의 가치를 선사하라

는 것처럼 일상이 후회투성이다. '의식주 생로병사 희로애락…' 인생은 후회에서 후회로 이어진다. 이걸 해결해주면 아주 의미 있는 작업이 될지도 모른다. 자, 그렇다면 도대체 고객 입장에서 후회는 무엇일까? 한 단어로 설명하자면 그건…

손.해.다.

인간은 손해를 정말 싫어한다. 어디선가 손해를 보면 소소하게라도 꼭 복수하고 싶은 생각이 들 정도다. 엄청나게 고민하면 뇌 에너지 소모가 커진다. 에너지 소모에 더해 후회하는 결정을 내렸다는 사실에 자괴감도 배가된다. 식당이든 병원이든 모텔이든 어디에서든 마찬가지다. 이런 후회나 손해를 막아줄 수 있는 방법이 하나 있다. 인간은 약하다. 스스로 판단하는 걸 아주 부담스러워한다. 그래서 남의 눈치를 살핀다. 나 이외의 사람들은 어떤 선택을 했을까? 무척 궁금해한다. 그 결과 트렌드라는 것이 생기는 것이다. 준거집단이나 또래 집단에서 나만 덩그러니 외톨이가 되고 싶지 않아서다.

"이미 1만 5,000 고객이 선택하신 상품입니다. 서둘러 주문전화 주세요!"

쇼호스트의 멘트에 가슴이 쿵쾅대는 것도 이런 심리가 작용하기 때문이다. 거리에 블랙 롱패딩이 넘쳐나고 너도나도 평양냉면 전문점 앞에 줄을 서는 것도 다 인간이 약하기 때문이다. 이걸 매장에 도입하자.

@ 대구 녹향구이

베스트와 히트.
고객이 무엇을 고를까 고민하기 시작하면
당신은 이미 진 거다.
그들을 압도할 수 있어야 한다.

6 최고의 가치를 선사하라

"뭐 드릴까요?"

"뭐가 제일 맛있어요?"

"다 맛있는데요…."

이런 소모적인 대화를 나누지 말고 고객의 구매행동을 컨트롤할 수 있도록 두 단어를 구사하자.

베스트와 히트

메뉴판을 한번 보자. 다 똑같은 폰트로 다 똑같은 사이즈로 적혀 있을 가능성이 높다. 이 메뉴들 앞에 베스트와 히트 스티커를 붙이자. 베스트는 어디에? 그렇다. 손님들이 가장 많이 찾는 메뉴에! 그럼 히트는? 이건 사장님 맘이다. 신메뉴에 붙여도 좋고, 스테디셀러가 아니라 최근 각광 받고 있는 메뉴에 붙여도 좋다.

솔직히 말하자면 여러분이 가장 팔고 싶은 메뉴, 즉 팔면 제일 재미를 볼 수 있는 메뉴에 붙이자. 여기에 한 가지 팁을 더 드리자면 베스트와 히트 메뉴는 글자 크기와 두께를 키우자. 훨씬 더 잘 보이게. 그리고 섹시한 사진도 곁들여주자. 보자마자 군침이 줄줄 흐르게 만드는 칼로리가 높은 사진을 반드시 옆에 넣어주자. 여러분은 지금 대단한 작업을 하고 계신 거다. 대한민국 600만 자영업자 중 1%도 모르는 비밀을 지금 막 알아챈 거다. 고객이 무엇을 고를까 고민하기 시작하면 당신은 이미 진 거다. 그들을 압도할 수 있어야 한다. 어지간해서는 구색 맞춘 메뉴에 눈길이 가지 않도록 설계도를 짜야 한다. 그래야 경쟁자들과 초격차를 만들 수 있다. 그냥 격차면 쉬 잊힌다. 한번 뇌에 들러붙으면 절대로 떨어지지 않을 그런 초격차를 만들어야 한다. 그게 바로 베스트와 히트다.

"고객님은 지금 많은 분들에게 검증된 메뉴를 고르셨습니다. 저희 집에서는 고민 따위 안 하셔도 됩니다. 맘껏 식사를 즐기시면 됩니다."

말로만 하지 말고 지금 당장 출력해서 붙이자.

당신만의 상징을 만들어라

가치는 값어치다. 가치가 있다 없다는 결국 지불한 돈만큼의 쓸모가 있느냐 없느냐다. 가치를 만들기 위해서는 반드시 노동력이 필요하다. 육체든 정신이든 노동력이 투여된 만큼 가치를 인정받는다.

갓 잡아 올린 조기는 시간과 노동력이 들어가 굴비가 된다. 같은 사이즈, 중량이라면 공을 들인 쪽이 가치가 높다. 같은 밭에서 자란 배추지만 절이는 노동력이 들어가면 절임배추가 되어 그 값이 곱절로 뛴다.

허나 아무리 노동력을 투입해도 고객이 그 가치를 인정하지 않으면 값과 가치를 인정받지 못한다. 굴비가 높게 평가받는 건 가공업자들의 노동력을 우리가 알고 있기 때문이다. 갓 잡아 올린 참조기를 가발도 날려버릴 영광의 바닷바람에 말리면 굴비가 된다. 이 녀석을 보리가 들어 있는 항아리에 넣고 한 번 더 숙성시키면 그 유명한 밥

도둑 보리굴비가 완성된다. 글을 읽는 동안 한 줄 한 줄 넘어갈 때마다 가치가 오르는 것을 느끼셨는가?

　이것을 다시 쌀뜨물에 불리고, 찌고, 구워서 턱하니 한정식 상에 올린다. 여기에 한 번 더 노동력을 투입하면 굴비로서 더할 수 없는 최고의 대우를 받을 수 있다. 앞치마에서 일회용 장갑을 꺼낸 서버가 대가리를 분리하고 살을 바르기 시작한다. 일행 모두가 숨죽이고 이 모습을 지켜본다. 누가 먼저랄 것도 없이 침이 꼴깍 넘어간다. 조신하게 가시와 살을 분리하는 모습을 보고 있자니 녹차밥이 생각난다. 누가 제일 먼저 도입했는지는 중요치 않다. 조기를 굴비로 만들고 이를 발라 차가운 녹차 물에 만 밥과 함께 먹도록 만든 아이디어는 그야말로 훈장감이다.

　다시 가치 이야기로 돌아가자. 우린 투입된 노동력을 입증하는 데 꽤 게으른 편이다. 증거가 없으면 고객은 믿어주지 않는다.

　"영광 보리굴비"
　"72시간 영광의 바닷바람을 맞고 보리 항아리에서 보름을 숙성시킨 영광 김근호 보리굴비"

　포인트는 이거다. 보리굴비를 수식하는 단어가 늘어나서 가치가 올랐다기보다(물론 글자 수도 충분히 효자 역할을 한다) 투입된 노동력이 이미지로 그려지기 때문에 일반 굴비보다 더한 가치를 인정받고 값을 받을 수 있는 거다. 사소한 차이가 명품을 만들고 디테일이 가치를 만든다. 그러니 "당연한 걸 설명하자."

이 이야기를 하고 싶어 서론이 길었다. 여러분이 다루는 거의 모든 제품에서 당연한 것이라 치부한 것들을 다시 꺼내보자. 그리고 조목조목 설명을 달자. 아무도 관심을 기울이지 않는 단무지의 냉장 온도, 갓 무친 겉절이의 염도, 된장찌개 물의 양, 비빔밥의 토핑 개수, 돈까스의 두께… 이미 업장에서 행하고 있는 당연한 걸 설명하자는 말이다.

3도씨 단무지
염도를 15% 낮춘 건강 겉절이
320ml 된장찌개
해물 7첩 통영 비빔밥
170mm 돈까스

당연한 걸 설명하는 사이 노동력과 가치가 제품과 메뉴에 스며든다. 괜히 폼 잡는 게 아니다. 의심하는 고객에게 안심할 수 있는 증거를 계속 제공하자는 말이다. 당연하다고 생각해서 언급하지 않았던 가치들을 찾아내 고객에게 알렸을 때 여러분은 비로소 인정받을 수 있다.

솔직히 말하자면 지금껏 컨설턴트로서 이만큼 효과를 본 것도 많

@대구 용지봉

우린 투입된 노동력을 입증하는 데 꽤 게으른 편이다.
증거가 없으면 고객은 믿어주지 않는다.
당연한 걸 설명하는 사이 노동력과 가치가 제품과 메뉴에 스며든다.

6 최고의 가치를 선사하라

지 않다. 난 그저 기본을 좇아 파헤쳤을 뿐인데 새로운 신호를 만난 고객들은 신선한 자극으로 받아들인다. 시그니처 메뉴로 이어지는 경우도 많아 남몰래 씨익 웃으며 소주잔을 기울이기도 한다.

여러분은 이미 충분히 매력적이다. 단지 그 매력을 드러내는 방법을 가르쳐준 코치와 매니저가 없었을 뿐. 만약 지금 여러분 메뉴판에 적혀 있는 친구들 가운데 한번 띄워봐도 좋겠다 싶은 메뉴가 있다면 망설이지 말고 직원들과 상의하시라. 그 메뉴를 분해하고 해체해서 길이와 중량, 염도와 당도, 숙성 기일 등 속살을 드러내서 적극 내세우자.

'시그니처'signature는 단순한 의미의 차별화가 아니라 대표선수가 되는 것이다. 업장을 대표하는 단 하나의 특징. 누구든 인정할 수밖에 없는, 동종 아이템 가운데 가장 도드라지는 핵심 포인트. 즉 대명사가 되는 비책이다. 만약 그 비싼 영국제 말돈 소금을 쓴다면 '육고기 업계 최초로 말돈 소금을 도입한 브랜드'가 되는 식이다.

'바싹 불고기의 대명사', '국내 최초로 족발에 해물전골을 서비스로 내준 집', '가장 섹시한 막국수'….

카테고리에서 대명사가 된다는 건 매출이나 객수와 관계없이 여러분을 설명해주는 낙인이 된다. 구별되는, 더 나아가 차별화할 수 있는 당신만의 상징.

이.래.야.만. 강.렬.하.게. 오.래.도.록. 기.억.에. 남.는.다.

여기에,

여러분과 스태프들의 진지한 노동력이 가미된 퍼포먼스까지 더해진다면 핵폭탄급 자극을 줄 수 있다. 1~2분만 투자해서 여러분의 시그니처 메뉴를 극강으로 돋보이게 만들어줄 퍼포먼스를 녹여내자.

갑자기 최현석 셰프의 소금 뿌리는 모습이 떠오른다. 기획된 것이든 아니든 대한민국에서 최 셰프를 단 한 번이라도 본 사람이라면 그의 퍼포먼스가 생각날 것이다. 이 간단한 행위 하나가 그를 기존 셰프들과 나눠주는 역할을 했다는 건 부정할 수 없는 사실이다.

한복 할머니와 카카오톡

공개 강연을 마치고 나오는데 표정이 어두운 초로의 여성이 팔을 잡는다. 무의식적으로 목례를 하면서도 기분이 썩 좋지는 않았다. 그 자리에는 내게 뭔가를 묻고 싶은 사람들이 10명쯤 있었는데 워낙 팔힘이 좋아 한 번에 잡히고 말았으니….

"밥장사들 말고 한복쟁이 고민도 풀어주나요?"

많은 사람들이 지켜보고 있으니 차갑게 거절할 수가 없었다.

"어떤 고민이신데요?"

"한복 지어가는 사람들이 다 비싸다는 이야기만 해요."

순간 '노동력'과 '가치'라는 단어가 머릿속을 스치고 지나갔다.

"한복 주문하고 얼마 만에 찾아가는데요?"

"한 달에서 두 달요."

@대구 딱 조아 막창

"제발 프로세스를 찍으세요.
여러분이 땀 흘리고 애쓰는 모습을 가감 없이 보여주세요.
고객은 딱 보여주는 만큼만 가치를 인정합니다."

6 최고의 가치를 선사하라

"그 사이에 연락도 하고 그러세요?"

중년의 여성은 고개를 가로저었다. 그랬다. 주문을 받고 나면 완성될 때까지 아무런 연락을 안 한다. 굳이 할 필요가 없기 때문이다. 대한민국에서 한복 짓는 분들 거의 다 이렇게 하고 계실 게다. 그전에 자동차 공업사를 매니지먼트했던 노하우도 있고 해서 이런 아이디어를 제안했다.

"한복을 만드는 각 단계마다 사진을 찍어서 보내주세요. 그럼 굉장히 좋아할 거예요. 한복 짓는 과정이 9단계라고 하셨으니 사나흘에 한 번이 되겠네요. 전화번호는 가지고 계시지요?"

두어 달이 지났을까? 그분이 문자 메시지를 보내왔다.

"김선생, 고마워요. 사진 찍어서 카톡으로 보냈는데 아주 반응이 좋아요. 이런 기분 처음이네요."

돈을 지불하는 고객은 자신을 위해 판매자의 노동력이 다하기를 원한다. 우리가 소비자 입장이 되어보면 이해할 수 있다. 그냥 덜커덕 한두 달 뒤에 한복 가져가라는 연락을 받으면 아무런 가치도 인정하지 않는다. 반면 내 의뢰를 받은 판매자가 고생고생하고 있는 모습을 보면 미안하지만 기분이 좋아진다. 그건 지불한 금액만큼, 아니 그 이상 돌려받았다는 느낌 때문이다.

앞에서 잠깐 언급한 자동차 공업사 이야기는 이거다. 대부분 공업

@광명 발쌈탕

고객은 상품을 사지 않는다. 고객은 만족을 산다.
병원을 기억하지 않고 의사를 믿고 따르듯,
식당이 아니라 식당에서 받은 배려와 접대를 높이 산다.

6 최고의 가치를 선사하라

사에 차를 맡긴 차주들은 걱정이 태산이다. 내 차를 정말 그렇게 많은 비용을 들여서 고쳐야 하는 건지 사장님은 순정 부품을 써주시는지 고민이 한두 가지가 아니다. 제조일자가 한참 지난 타이어를 끼우면 어떡하지? 솔직히 말하면 고민보다는 의심에 가깝다.

진정한 가치는, 진정한 만족은 의심이 안심으로 바뀌는 순간 '짠!' 하고 등장한다. 순정 부품 새 박스의 개봉 과정을 찍어서 보내주고, 귀찮더라도 수리하고 있는 모습을 촬영해서 '이런 과정이다'라고 설명하면 그 한마디로 넘어간다. 고객은 아주 단순하다. 판매자가 약속을 지키고 구매자를 위해 애쓰면 그의 전도사가 된다. 그의 선행을 널리 알리기 위해 열심을 다한다.

인간은 신세를 지면 갚으려는 본능이 있다. 허나 아무나 할 수 있는 일이 아니다. 백 번 가르쳐줘도 귀찮아서 혹은 잊어버려서 못하는 게 바로 자신의 노동력을 고객에게 보여주는 거다. 이게 비즈니스에서 가장 중요한 가치인데 모르고 넘어가는 분들이 너무 많다. 그래서 목에 핏대를 세우고 강조한다.

"제발 프로세스를 찍으세요. 여러분이 땀 흘리고 애쓰는 모습을 가감 없이 보여주세요. 시장을 보고, 두부를 만들고, 약선 요리를 배우러 다니고, 포장 패키지를 테스트하고… 고객은 딱 보여주는 만큼만 가치를 인정합니다. 그러니 온라인이고 오프라인이고 제발 여러분의 제조 과정을 보여주세요!"

많은 분들이 효과를 보고 있다. 열무김치를 삼겹살과 매칭시켜 장안의 화제가 된 이태분 여사는 밭으로 열무 사러 가는 동영상을 페이스북에 올리고, '한식대첩' 우승으로 유명한 용지봉의 김수진 대표는 아내와 함께 장 보는 모습을 찍어 올린다. 청주 일식의 대명사, 아키아키의 장명욱 셰프는 매주 두세 번 노량진 수산 시장에서 경매에 참여하는 모습을 인증샷으로 찍고, 고향축산물의 김주일 사장은 매일 아침 자신의 농장에서 쌈채소를 수확하는 장면을 중계한다.

남들이 귀찮아하는 작업이 결국 승리를 만들어낸다. 숙박업이든 병의원이든 배달업이든 제조업이든 프로세스를 담아 고객에게 선물하자. 고객은 상품을 사지 않는다. 고객은 만족을 산다. 병원을 기억하지 않고 의사를 믿고 따르듯, 식당이 아니라 식당에서 받은 배려와 접대를 높이 산다. 그러니 아무도 나를 쫓아오지 못하게 만들고 싶다면 프로세스를 기록하고 널리 알리자. 경쟁자가 쫓아올 엄두조차 내지 못할 정도로 말이다.

다시 반년쯤 지났을까? 예의 한복 사장님 문자가 도착했다.

"저 요새 동영상 배우러 다녀요. 내년에는 내가 한복 짓는 거 꼭 동영상으로 보여줄 거예요. 고맙습니다."

요즘은 세상이 다 아름다워 보인다.

6 최고의 가치를 선사하라

대구 복국에서 배운 것

전국에서 복국으로 가장 유명한 지역을 꼽으라면 아마도 부산일 게다. 매스컴에 많이 등장한 덕분이다. 개운하고 시원한 맛은 물론이고 인지도와 유명세까지 더해 팬이 많다. 이에 비해 그 매력이 덜 알려진 지역을 몇 곳 꼽자면 대구, 통영, 목포, 여수 등을 들 수 있다. 이 중 대구의 복국은 외식업 오너들에게 시사하는 바가 크다.

복국 하면 뚝배기 이미지만 떠오르던 서울 촌놈으로서는 충격이었다. 해금강이라는 복집이었다. 안내 받은 자리로 걸음을 옮기는데… 어라? 뚝배기가 안 보인다. 거의 모든 테이블에는 방짜유기로 만든 복국 대접이 놓여있다. 옥스퍼드 대학의 감각교차연구소에서 밝힌 것처럼 무거운 식기는 고객에게 더 큰 지불의사를 갖게 만든다.

무슨 소리인고 하니 똑같은 삼양라면도 멜라민 식기에 담았을 때와 백자에 담았을 때 지불하고자 하는 금액이 다르다는 것이다. 원래

실험은 스테이크로 진행되었다. 스테이크를 캠핑용 그릇에 담았을 때와 고급 레스토랑의 플레이트에 담았을 때, 피실험자들이 무거운 그릇에 담은 고기를 더 비싸게 지불할 의사가 있다는 실험이었다. 대략 18% 정도 가치를 더 쳐줬다. 그런데 피실험자가 이런 의사를 내보였다고 해서 그만큼 금액을 더 받는다면 판매에는 큰 도움이 안 될 것이다. 하지만 같은 가격을 받는다면 고객은 무거운 식기에 담긴 음식을 18% 더 가치가 있다고 판단했으니 그만큼 가격이 착하다고 판단할 게 뻔하다. 수업 시간 내내 무거운 식기에 대해 강조하는 이유가 여기에 있다.

드르륵~

테이블 옆으로 카트가 다가온다. 커다란 솥이 올라 있다. 뚜껑을 열고 젓가락으로 콩나물과 미나리를 건져낸다. 바닥까지 긁지 않는다. 뭔가 이유가 있겠지? 대접은 1인당 2개다. 건져낸 채소 대접은 놔두고 두 번째 녀석을 들어 복 건더기와 남은 채소를 옮겨 담는다. 이내 국물을 퍼 담더니 내게 밀어준다. 어라? 나머지는? 전날 과음으로 속이 쓰려 죽겠는데도 자꾸만 눈길은 다른 그릇으로 간다. 의문은 불과 5초 만에 풀렸다.

방짜유기에 먼저 덜어낸 채소를 양념장에 비빈다. 차별화 전략을 짜기 위한 온갖 아이디어가 대구 복국을 가만두지 않았다. 이건 대단한 아이디어다. 심리학이나 행동경제학을 조금이라도 공부한 사람이라면 이 복국이 얼마나 의미 있는 결정인지 알 수 있다.

복국만 덜렁 주는 집 vs. 즉석 비빔 대접까지 주는 집.

당신은 어느 곳을 선택하겠는가? 손님이 보는 앞에서 직원의 노동력을 보여준다. 손님과 불과 1m도 떨어져 있지 않은 카트 위에서 '나'를 위해 콩나물과 미나리를 무치고 있다. 호텔 조식뷔페의 즉석 오믈렛에 버금가는 즐거움이다. 오호라~ 한낱 무침을 요리로 격상시키는 노하우가 바로 이런 거다.

이런 게 바로 디자인이다. 폼 나고 아름답고 섹시한 게 디자인이 아니라 기존 복국 카테고리에서 당당히 걸어 나와 나만의 신호를 주는 것. 이것이 바로 'de+sign'(디 사인)이다. 대부분의 복국집에서는 이런 사인을 주지 않는다. 아무나 덤빌 수 있는 아이디어가 아니다. 분명 직원 핑계, 주방 핑계, 동선 핑계… 오만 가지 핑계를 대며 시도조차 해보지 않을 가능성이 높다. 총 90초 정도가 들어가는 이 디자인이 가치를 만들었다.

물론 대구의 모든 복국집이 이런 건 아니다. 손님이 비벼 먹는 집도 있고 방짜가 아닌 양은 냄비에 내주는 집도 있다. 남은 국물에 라면 사리를 넣어 삶아 먹는 집도 있다. 엥? 복 국물에 라면? 처음엔 나도 무척이나 당황스러웠다. 복 라면이다. 오우 마이 갓! 라면이 익는 사이 이런 결론에 도달했다. 그냥 라면은 3,000원 정도지만 우리 뇌는 시골 라면이나 복 라면에는 후한 점수를 준다. 1,000원짜리 사리면을 넣었을 뿐이다. 그런데 우리의 뇌는 대략 4,000~5,000원쯤 하는 스페셜 라면을 먹고 있다고 스스로 최면을 건다. 보기 좋은 한판 승부다. 고객을 상대로 펼친 심리전에서 당당히 KO승을 거두어냈다.

동태탕, 민물매운탕, 부대찌개, 콩나물국밥… 어떤 메뉴건 대입해도 좋을 보석 같은 시스템이다. 혀를 내두르게 만드는 아이디어를 얻었는데도 뇌 속의 게으른 원숭이 때문에 거들떠보지 않는다면 이건 자영업 오너로서 직무유기다. 파산 미수죄를 벗어날 수 없을 것이다.

"비빔 대접 하나로 디자인, 교환가치, 새로운 경험, 퍼포먼스를 만들어내다니! 대구 복국 고맙습니다."

6 최고의 가치를 선사하라

권위와 가치로 중무장하라

앵커링. 공부 열심히 하는 자영업 오너들은 익히 들어 알고 있을 개념이지만 열에 아홉에게는 생소한 개념임에 틀림없다. 상담학, 경제학, 체육학, 심리학 등에 종종 등장하는 용어다. 여기서는 행동경제학에서 쓰이는 앵커링 개념을 설명할 작정이다. 사전에서는 앵커링을 이렇게 정의한다.

특정한 숫자나 기준점으로 작용하여 이후의 판단에 영향을 미치는 현상. 심리학자이자 행동경제학의 창시자인 다니엘 카너먼과 아모스 트버스키에 의해 제시된 개념으로, 닻을 내린 배가 움직이지 못하는 것처럼 최초에 제시된 숫자가 기준점 역할을 하여 합리적인 사고를 하지 못하고 이후의 판단에 영향을 주는 현상을 일컫는다. 정보나 지식이 충분하지 않은 상황에서 행동하거나 결정을 내릴 때 사람들이 직관적 사고에 의존하는 경향을 휴리스틱 Heuristic 이라고 하는데, 앵커링 효과는 휴리스틱 사고의 일종으로 볼 수 있다. '기준점과 조정 휴리스틱', '정박효과', '닻 내림 효과' 등으로도 불린다. (두산백과 참조)

이미 우리는 앵커링 효과에 충분히 녹아들어 있다. 대형 마트의 할인 행사, 원 플러스 원 이벤트를 만나면, '아~ 이 마트는 전반적으로 가격이 저렴하겠구만!' '세상에~ 휴지랑 세제, 기저귀, 라면… 생필품 최저가 보장제라고? 여긴 가격이 다 착할 거야!'라고 생각한다.

정반대의 경우도 있다. 백화점 명품 숍에 들어갔는데 3,000만 원짜리 백이 있다. 세계적인 톱스타들과 TV에 종종 등장하는 재벌가 여성들이 들고 나와 화제가 됐던 바로 그 제품이다. 이 가격이 닻(앵커)처럼 뇌에 박히면 상대적으로 나머지는 싸 보일 수밖에 없다. 뇌에 어떤 자국이 생기면 그것이 기준이 되어 판단에 영향을 미친다. 3,000만 원짜리 명품 백이 앵커로 작용하면 600만 원짜리 백은 껌값처럼 느껴지는 그런 현상이다.

많이 팔 것도 아니면서 자동차든 시계든 백이든 이런 고가의 상품을 만들어내는 것은 무엇 때문일까? 수많은 일반 소비자의 욕구를 자극하기 위함이다. 초격차로만 앵커를 만드는 것은 아니다. 앵커를 만들기 위해 '끼워넣기' 전략을 구사하기도 한다. 거의 모든 회사가 기존 제품에 한두 가지 테크닉을 더 넣어, 예를 들면 날을 하나 더 추

6 최고의 가치를 선사하라

가하거나, 치약에 색깔을 입히거나, 유산균에 코팅을 하면서 'NEW', 'SUPER', 'PREMIUM'이라는 수식어를 붙인다. 2가지 목적이다. 하나는 고객이 기존 제품에 지루함을 느낄까 봐 개발을 지속하는 것이고 또 하나는 투여한 테크닉만큼 가격을 인상함으로써 기존 제품들의 가격이 상대적으로 싸게 느껴지도록 만들어 판매를 촉진하는 것이다. 내 브랜드, 내 매장에 전략기획팀은 없지만 이걸 응용해서 바로 적용해보자.

우리 집의 주력 무기인 13,000원짜리 삼겹살을 상대적으로 저렴하게 보이도록 하려면 기술과 테크닉, 권위와 가치로 무장한 앵커를 하나 만들면 된다.

2차 숙성 삼겹살 16,000원
삼겹살 13,000원

뭔가 2% 부족하다. 쐐기를 박고 싶다. 이럴 때는 또 다른 보조 앵커를 하나 심으면 된다. 이번에는 아래쪽이다.

2차 숙성 삼겹살 19,000원
삼겹살 13,000원
통삼겹 김치찌개 12,000원

물론 2차 숙성도 열심히 할 거고 김치찌개에 돼지고기도 듬뿍 넣어줄 거다.

"김치찌개 대신 비교하기 편하게 냉동 삼겹이나 수입 삼겹을 넣으면 어떨까요?"

자, 실험을 한번 해보자.

2차 숙성 삼겹살 19,000원

삼겹살 13,000원

냉동 삼겹살 10,000원

이건 그냥 당연해 보인다. 마진이 좋아 더 팔고 싶었던 우리 집 삼겹살의 가격이 그리 착해 보이지 않는다. 앵커를 활용하는 이유는 고객을 설득하기 위함이다. 냉장보다 냉동이 싼 건 누구나 아는 당연한 사실이지만 삼겹살을 적당히 넣은 김치찌개가 12,000원이라면 삼겹살 13,000원은 확실히 싸게 느껴진다. 이렇게 확실한 녀석을 배치하면 고객은 고개를 끄덕인다. 그러니 주력 메뉴를 살리기 위해 위아래 앵커를 마련하자. 아래 녀석은 생각보다 비싸면 좋다.

2차 숙성 삼겹살 19,000원

삼겹살 13,000원

한우 된장밥 12,000원 (혹은 살얼음막국수 12,000원)

6 최고의 가치를 선사하라

한우 된장밥과 막국수를 어떻게 12,000원까지 받느냐고? 이런 질문을 많이 받는다. 10초 정도만 생각해보자.

10, 9, 8, 7, 6, 5, 4, 3, 2, 1.

양을 늘리면 된다. 좀 더 친절하고 싶으면 '한우 150g 된장밥', '살얼음막국수 2인분'. 얼마든지 무엇이든지 아래 앵커로 삼을 수 있다. 내 주력 메뉴를 돋보이게 해줄 위아래 보디가드, 아니 앵커가 고객 설득을 돕는다는 사실만 기억하자.

제일 중요한 건 내가 판매하고 있는 제품이 상대적으로 착해보이게 만들어 '없는 수요'를 만들어내는 것이다. 침대가 가구가 아니듯 가격은 숫자가 아니다. 과학이다.

부록

· 이거다 싶으면 72시간 안에 실행하라

· QR코드 직접 만들기

이거다 싶으면 72시간 안에 실행하라

"인기는 입증하는 겁니다."

"입증하려면 증거가 있어야 합니다."

"맛있으면 입소문이 나겠지… 이런 안이한 생각은 얼른 버리세요."

"입소문은 바이러스처럼 한번 전염되면 치명적이어야 합니다."

"후회하지 않을 선택이라는 사실을 끊임없이 알려주세요."

"후회하게 만들어주세요, 다른 집 찾아간 것을."

"고객의 고민과 고통을 싹 없애주세요. 고객이 오지 말아야 할 이유를 다 없애는 겁니다."

"그리고 고통을 느끼게 해주세요. 우리 집 말고는 이런 배려나 혜택을 얻을 수 없다는, 그런 고통 말입니다."

장전 아카데미 출신들이 대한민국 외식업을 뒤흔들고 있다.

페이스북이나 인스타그램에 #만석 #웨이팅 #최고매출이라는 해시태그가 올라오면 흥분된다. 특히 나와 관계가 있거나 장전 수업을 완료한 동지들의 글이 올라오면 환호성을 지른다. 승자의 뇌가 되는 건 말처럼 쉽지 않다. 최고 매출이라는 표현이 상징하는 걸 '돈벌이에 미친' 정도로 해석하는 분들이 종종 계신데 틀려도 아주 많이 틀렸다.

장전에서 이야기하는 최고 매출은 아주 작은 목표를 세운 뒤 그 목표를 달성하기 위해 치밀한 전략을 수립하고, 한 단계 한 단계 올라가며 시행착오를 겪는 과정에서 엔도르핀과 도파민이 분비되어 그 행복감에 중독되는 것을 말한다.

여기에 실은 사진들은 그중에 0.1% 정도만 모아놓은 것이다. 고기리 막국수. 가장 손님이 많이 몰리는 성수기에는 하루에 30회전의 기록을 올리는 대한민국 최고의 막국수집이다. 이제는 막국수의 대명사를 떠나 평양냉면보다 더 맛있는 막국수라는 닉네임을 얻을 정도로 만족도가 아주 높은 국수집 대표님이 한 장의 사진을 올렸다. 헌데 국수 사진이 아니고 포스 사진이었다.

인생은 공평합니다. 안 좋은 일도 좋은 일도 소리 없이 번갈아

옵니다. 880만 원대에 머물러 있다가 드디어 900만 원선을 넘었습니다. 막국수 7,000원 / 12 테이블 / 오늘 9,023,000원 축하해주세요!

전통주 전도사로 불리는 압구정 백곰 막걸리의 이승훈 대표도 이런 사진을 올렸다.

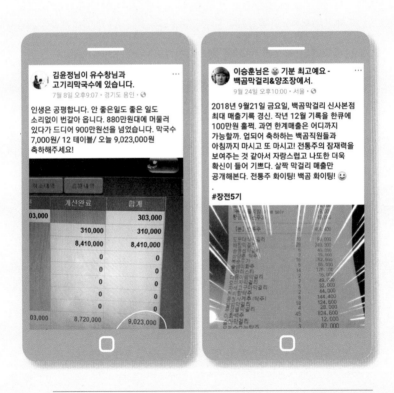

2018년 9월 21일 금요일, 백곰막걸리 신사본점 최대 매출 기록 경신. 작년 12월 기록을 한큐에 100만 원 훌쩍. 과연 한계 매출은 어디까지 가능할까. 업되어 축하하는 백곰직원들과 아침까지 마시고 또 마시고! 전통주의 잠재력을 보여주는 것 같아서 자랑스럽고 나또한 더욱 확신이 들어 기쁘다. 살짝 막걸리 매출만 공개해본다. 전통주 화이팅! 백곰 화이팅! :-) #장전5기

해시태그에 #장전 #장사는전략이다 #김유진이 붙어 있다. 내게 보여주려고 일부러 해시태그를 걸었다고는 생각하지 않는다. 수업에서 들은 내용을 실제로 적용해서 나온 성적표를 드러내고 싶었을 것이다. 이런 글을 보고 있으면 힘이 솟는다. 비타민, 밀크시슬, 오메가3… 다 필요 없다. 이분들의 최고 매출이 나에겐 비타민이다.

10년 20년은 기본이고 30년 넘는 기간 동안 영업해온 최고 매출을 갈아치운 분도 한 둘이 아니다. 대구 최고의 국수집으로 불리는 태양칼국수는 근 40년 만에 엄청난 기록을 달성했다.

어제자 태양칼국수 39년 이래 일일 최다매출 찍었습니다. 생각만 하면 늘 죄송하고 늘 고마운 마음이 가득한 싸부님께 감사 또

감사의 인사를 올립니다.

무서운 분이다. 거의 매일 시간을 정해놓고 주방에서 벌어지는 일들, 고객들 이야기, 음식 개발을 위해 얼마나 노력을 다하는지 음식 사진들과 동영상을 기록하고 있다. 이 좋은 기운은 온라인을 타고 바이러스처럼 번져나가고 있다.

여기서 잠깐!

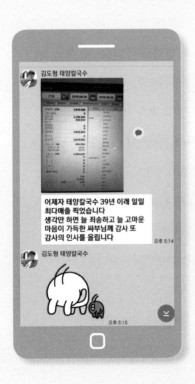

중요한 포인트 하나를 짚고 넘어가고자 한다. 인기는 입증하라고 있는 것이다. 입증하지 않으면 아무런 의미가 없다. 증거가 없는데 믿을 사람이 누가 있겠는가? 좋은 재료를 쓴다고? 목숨 걸고 가족들 먹일 마음으로 조리를 한다고? 그게 사실이라면? 정말이라면? 우리 집이 정말 맛있고 근사하고 그 어떤 고객이 와도 후회하지 않을 집이라면 당당히 밝힐 필요가 있다. 수많은 경쟁자들과 동급으로 취급되고 싶지 않다면 정신 바짝 차리고 정말 손해 보지 않을 선택이라는 걸 가르쳐줘야 한다.

고객이 원하는 것이 바로 이거다. 말로만 떠들지 말고 인기와 그 인기 비결을 밝혀주길 원한다. 내 돈이 소중한 만큼 고객의 돈도 중요하다. 어떻게 번 돈인데 엉성하고 대충인 집에서 돈을 쓰게 한단 말인가. 재료 구매부터 손질, 조리 과정 그리고 이 맛을 즐기는 분들의 이야기를 진솔하게 담는 것이 친절이고 서비스다. 다시 한번 반복하지만 친절은 의심을 안심으로 바꾸어주는 것이다. 정말 중요하다. 의심하면 결정을 후회하기 마련이다. 그러니 매일매일 기록하고 진화하는 모습을 보여줄 필요가 있다.

그러고 보니 영부인도 다녀가신 집으로 유명한 광주의 절기밥상이 떠오른다. 이 댁 젊은 사장님 별명은 미스터나물이다. 덩치큰 젊은 남자 사장이 나물에 미쳤다. 영부인께 대접했던 그 나물에 대한 소상한 기록을 남기고 있다.

"모피를 입은 것 같은 갈색빛깔 건가지의 자태가 참 고급집니다. 가진 게 많은 만큼 풍부한 맛을 내줄게 분명해요. 가지는 3~4시간 불렸다가 10분 정도 삶아요…."

매일매일 동영상으로 나물 만드는 과정을 보여준다. 의심이 안심으로 바뀌면 호감이 생기고 신뢰가 두터워진다. 브랜딩, 브랜딩 하는데 한마디로 정리하면 남들이 내 말을 믿어주도록 하는 게 바로 브랜딩이다. 근사하게 매장을 가지고 계신 분들만 이런 성적을 내는 건 아니다.

서울시에서 운영하고 있는 밤 도깨비 푸드트럭 야시장의 교육을 담당했었다. 이 수업을 들은 분들 중 가장 혁명적인 효과를 본 분이 불꽃튀김의 박필연 대표다.

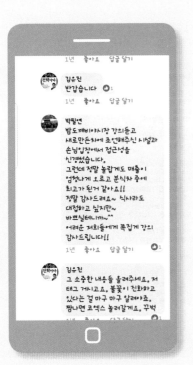

강의 듣고 새로 만든 차에 조언해주신 시설과 손님 입장에서 접근성을 신경 썼습니다. 그런데 놀랍게도 매출이 엄청 오르고 분식차 중에 최고가 된 거 같아요!!

불꽃튀김은 이제 그냥 푸드트럭이 아니다. 두어 단계는 점프했다. 영화와 광고 그리고 드라마 현장에 불려 다니는 것은 일상이고 유명 백화점들의 입점 요청이 끊이지 않는 스타 브랜드가 되었다.

이런 최고 매출을 올리는 데는 아주 특별한 노하우가 있다. 그들의 공통된 특징

이라면 수업 시간에 들었던 내용들을 각각의 매장에 적용하는 데
72시간 이상 걸리지 않는다는 것이다.

현대인은 너무나 많은 정보들을 받아들이고 있다. 이 정보들
가운데 취사선택해서 현장에 적용할 것과 그렇지 않은 것들을 골
라야만 하는데 그 사이에 또 다른 정보들이 치고 들어와 실행해
야겠다는 각오를 잊게 만든다. 실행을 하기 싫은 게 아니라 기억

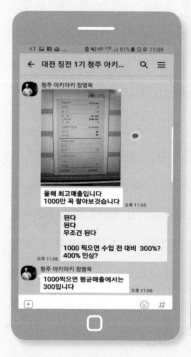
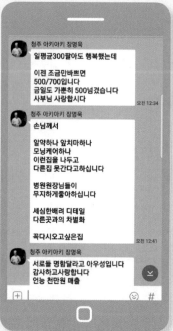

장치의 구조상 잊게 되는 것이다. 지금 당장 최고의 매출을 올리고 싶다면 꼭 기억하시라.

이거다 싶으면 무조건 72시간 안에 실행하라.

아무리 좋은 아이디어도 24시간이 지나면 서서히 잊히기 시작해서 72시간 안에 80% 이상이 사라진다. 우리 뇌가 그렇게 설계되어 있다. 그러니 허구한 날 앉아서 메모와 필기만 하지 말고 실행하라. 지구상에 그 이상의 비법은 없다.

QR코드 직접 만들기

QR코드가 이렇게 망한 나라도 없다. 전 세계가 QR코드 하나로 모든 비즈니스를 해결하고 있는데 우리만 그러지 못하고 있다. 기술의 문제가 아니다. 정말 간편하게 뚝딱 만들 수 있다. 그럼 도대체 무엇이 문제일까? 잘못 사용되어 온 것이다.

어느 제품이든 QR코드가 찍혀 있으면 고객은 스캔해서 궁금증을 풀어야 마땅하다. 요리가 만들어지는 과정, 모텔의 청소 그림, 병의원의 차별화된 서비스 등등. 담을 것이 하나둘이 아니다. 그런데 우리는 미련하게 홈페이지를 보여줬다. 고객이 궁금해하는 건 제품과 서비스인데 맨날 자사의 홈페이지만 죽어라 보여줬다. "도대체 어딜 들어가서 뭘 보라는 소리지?" 당황스러운 고객은 종료 버튼을 누른다. 한 번 두 번 반복되는 홈페이지 연결은 결국 관심에서 멀어졌다.

용도와 합목적성이 생기면 따라 하기 쉬워진다. 어디다 써먹어야 할지 몰랐기 때문에 망설였던 거다. 포장지에 촌스럽게 박혀 있는 상호와 로고를 다 **빼도** QR코드 하나면 충분하다. 스캔을 하면 족발을 씻고, 삶고, 썰고 또 김치를 담기 위해 배추를 손질하고, 자르고, 섞고, 버무리는 과정을 여과 없이 보여줄 수 있다. 중간 중간 오너의 인터뷰도 들어간다. 우리 가게의 특징, 맛의 비결, 위생을 위한 노력 등등.

딱 10분만 투자하면 여러분도 수십 개 아니 수백 개 QR코드의 평생 주인이 될 수 있다. 휴대폰에서도 가능하다. 아주 쉽고 간단하게 만들 수 있다.

1. '네이버 QR코드'를 검색해서 들어간다.

2. 상단에 제목을 입력한다. 상호명 정도가 좋겠다. 아래에 있는 '코드 스타일'에서 마음에 드는 스타일과 컬러를 선택. 나머지는 일단 다 패스. 다음 단계로 넘어간다.

QR코드 직접 만들기

3. '원하는 정보 담기'와 '링크로 바로 이동' 옵션 중에서 선택한

다. '링크로 바로 이동'을 선택할 경우에는 사전에 유튜브나 SNS

에 업로드한 동영상의 url이 준비되어 있어야 한다.

4. '원하는 정보 담기'를 선택하면 추가 정보를 입력해야 한다.

링크 입력 소개 글은 채우는 게 좋다. QR코드를 스캔하고 들어온 사람이 만나게 되는 첫 내용이기 때문이다. 아래 보이는 '동영상' 부분을 눌러 컴퓨터나 내 스마트 폰에 들어 있는 동영상을 불러온다. 업로드가 완료되면 '대표사진 추출 중'이라는 안내가 나오고 잠시 기다리면 동영상 안에 들어 있는 이미지들이 여러 개 나타난다. 마음에 드는 사진 한 장을 고르면 된다.

5. 동영상 업로드 후 아래에 있는 '지도'를 누르면 위치 정보도

넣을 수 있다. 다른 화면에서 검색 창에 주소를 입력하면 오른쪽

지도에 자동으로 표시가 된다. 확인을 누르면 짠하고 지도도 첨

부된다.

6. 필요한 정보를 담았다면 하단의 초록색 '작성완료' 버튼을 눌

러 완료한다.

7. "네이버 QR코드가 생성되었습니다."

이렇게 만들어진 QR코드는 평생 내 거다. 인쇄를 하거나 파일로 저장하고 또 메일이나 블로그, 휴대폰으로도 전송된다. 스티커로 만들어 테이블에 붙이거나 포장 박스나 비닐에 인쇄해서 나와 식구들의 열심과 정열을 보여주면 된다.

고객은 끊임없이 의심한다.

0.0000001%라도 손해를 보면 다시는 관심을 보이지 않는다. 궁금한 게 아주 많지만 별난 사람 소리 듣기 싫어서 묵묵히 입을 다물고 있는 거다. 고객의 의심을 안심으로 바꾸는 최고의 무기가 바로 QR코드 속에 담긴 동영상이다. 잊지 마시라. 보여주는 게 친절이다. 고객은 보이는 것만 믿는다.

QR코드 직접 만들기

1년 365일 24시간이 콘텐츠다

장전('장사는 전략이다') 아카데미 식구들에게 시장을 내 것으로 만드는 특급 노하우를 소개한 적이 있다. 매우 쉽다.

"더도 덜도 말고 매일 1%씩만 매출을 늘려주세요."

그리고 목표 금액을 받는다.

"평균 매출이 150만 원이니 1%면 1만 5,000원 맞죠? 딱 1만 5,000원만 늘리면 되는 거죠?"

"하하하 그겁니다, 그거. 무슨 수를 써서라도 어제보다 1%만 더 버는 거요."

50만 원이 평균이면 5,000원, 500만 원이 하루 평균 매출이라면 5만 원. 이걸 매일 1%씩만 늘려 잡는 거다. 2배씩 잡으면 금세 재벌이 되겠지만 이건 100% 실패한다. 하지만 100분의 1, 즉 1%씩은 그리 부담스럽지 않다. 다음을 보자.

평균매출 1,000,000원

1일차 목표 1,000,000원 + 10,000원 = 1,010,000원

2일차 목표 1,010,000원 + 10,100원 = 1,020,100원

3일차 목표 1,020,100원 + 10,201원 = 1,030,301원

4일차 목표 1,030,301원 + 10,303원 = 1,040,604원

5일차 목표 1,040,604원 + 10,406원 = 1,051,010원

6일차 목표 1,051,010원 + 105,00원 = 1,060,510원

7일차 휴일

8일차 목표 1,060,510원 + 105,051원 = 1,165,561원

…

목표는 세분화할수록 달성 가능성이 높아진다. 기껏해야 1만 원이다. 생각이 바뀌어야 태도와 습관이 바뀐다고 설명했다. 정말 인생을 바꾸고 싶다면 1%씩 늘리기에 목을 걸면 된다. 1만 원짜리 고기는 1인분만 더 팔면 되고, 5,000원짜리 햄버거는 두 개만 더 팔면 된다.

에필로그

1,000원짜리 호떡이라면 10개만 더 팔자. 그나저나 도대체 어디서부터 어떻게 시작하는 것이 좋을까? 한번 적어보자. 큰 힘 안 들이고 할 수 있는 일들이 무엇이 있을까?

일단 고객이 더 와야 한다. 아니면 객단가라도 높아져야 한다. 후자는 그리 쉬운 일이 아니다. 앵커링도 공부해야 하고, 행동경제학도 이해할 수 있어야 조종이 가능하다. 섣불리 덤볐다가는 고객의 저항에 부딪힐 가능성도 높다. 그럼 결론은? 전자에 집중하는 거다. 아침에 일어나자마자 네이버 블로그, 인스타그램, 페이스북 등에 해시태그로 검색하자. 고객을 늘리기 위해서는 앉아 있으면 안 된다. 이제는 찾아가는 서비스로 유인해야 한다.

#김유진칼국수

쭉~ 뜨는 고객들의 반응에 일일이 대답해주자. 돈 드는 일 아니다. 좋은 평에는 진심으로 감사의 인사를 올리자.

"저희 집을 이렇게 멋지고 근사하게 응원해주셔서 정말 감사합니다. 배꼽인사! 다음에 찾아주시면 생맥주 한잔 올리겠습니다."

만약 악평이 달려 있다면 피하지 말자. 솔직하게 사과하는 거다.

"모든 건 저의 실수입니다. 제 탓이니 많이 꾸짖어주시고 반성하는 의미에서 무료 시식권 드립니다."

먼저 찾아가면 얻을 수 있다. 고객의 반응과 평가를. 그리고 하루에 3번 우리 집에서 고객들을 위해 노력하고 있는 모습을 동영상으로 찍어 올리자. 김치 담고, 기름 짜고, 배추 절이고, 고추 빻고…. 1년 365일 24시간이 콘텐츠다. 열과 성은 알리지 않으면 절대로 모른다. 고객관리 프로그램을 모두 동원해서 일주일 간 방문이 없던 고객에게 알림 메시지를 보내자. 까딱하면 스팸함으로 버려지니 가능한 한 쓸모 있는 정보들을 보내야 한다. 무조건 물건을 팔기 위해 발악하는 게 아니라 정말로 고객들과 관계를 맺기 위해 애쓰고 있다는 걸 보여주자. 무료 공연, 전시회, 할인 정보, 미슐랭 가이드 리스트, 〈수요미식회〉의 맛집들… 뒤지면 보물은 쌔고 쌨다. 잊지 마시라. 호감이 한 겹 두 겹 세 겹 쌓여야 신뢰가 된다. '이런 양반이 만든 음식은 분명히 고객을 위한 걸 거야'라는 판단을 하게끔 유도하자. 날이 꾸물꾸물하면 김치전 부치는 모습이라도 찍어서 보내주자.

"비가 오려는지 날이 많이 흐립니다. 점심 때 뜨끈하게 드시라고 김치전 부쳐놓겠습니다."

이런 메시지가 김치전 부치는 동영상과 함께 간다고 생각해보자. 게임 끝이다. 반복한다. 자극 없는 반응은 없다. 고객의 뇌에 거울이 있다는 사실을 잊으면 큰일 난다. 츄르릅. 침이 줄줄 흐르게 만들어야 발길을 우리 집으로 돌린다.

'매일 매출 1% 올리기 프로젝트'를 더 효과적으로 완수하는 방법

이 있다. 달력에 미리 기록하자. 오늘은 그리고 내일은 무엇을 할 것
인지 미리 정해놓고 습관화하자. 이걸 이길 자영업자들은 거의 없다.
장담컨대 600만 명 중 595만 정도는 모른다. 자연스레 고객을 내 집
으로 모시기가 더 쉬워진다. 여러분 자신을 믿으시라. 여러분의 능력
과 열정과 애정을 믿는 게 답이다. 자기 자신을 못 믿는데 당신을 믿
어줄 고객은 없다. 늘 새기고 다니자.

"믿음 대박, 불신 쪽박!"

댄 애리얼리, 김원호 옮김, 《댄 애리얼리, 경제 심리학》, 청림출판, 2011.

댄 주래프스키, 김병화 옮김, 《음식의 언어》, 어크로스, 2015.

데이비드 루이스, 전대호 옮김, 《충동의 배후》, 세종서적, 2015

데이비드 아커, 이상민 옮김, 《데이비드 아커의 브랜드 경영》, 비즈니스북스, 2007.

멜라니 뮐·디아나 폰 코프, 송소민 옮김, 《음식의 심리학》, 반니, 2017.

쇼가키 야스히코, 김대환 옮김, 《맛있어서 잘 팔리는 것이 아니다 잘 팔리는 것이 맛
있는 요리다》, 잇북, 2012.

스티븐 핑커, 김한영 옮김, 《마음은 어떻게 작동하는가》, 동녘사이언스, 2007.

알 리스·잭 트라우트, 안진환 옮김, 《포지셔닝》, 을유문화사, 2002.

야마다 리에이, 유진형 옮김, 《소비자의 뇌가 직접 말하는 광고 브랜드의 비밀》, 커
뮤니케이션북스, 2011.

이안 로버트슨, 이경식 옮김, 《승자의 뇌》, 알에이치코리아, 2013.

잭 트라우트·스티브 리브킨, 이정은 옮김, 《잭 트라우트의 차별화 마케팅》, 더난출
판사, 2012.

제임스 깁슨, 박형생·오성주·박창호 옮김, 《지각체계로 본 감각》, 아카넷, 2016.

조나 삭스, 김효정 옮김, 《스토리 전쟁》, 을유문화사, 2013.

조식제, 《특허로 만나는 우리 약초 3》, 아카데미북, 2015.

패트릭 랑보아제·크리스토프 모린, 이마스 옮김, 《뉴로마케팅》, 미래의창, 2007.

장사, 이제는 콘텐츠다

2019년 3월 28일 초판 1쇄 | 2024년 5월 2일 12쇄 발행

지은이 김유진
펴낸이 박시형, 최세현

마케팅 양근모, 권금숙, 양봉호, 이도경 **온라인홍보팀** 신하은, 현나래, 최혜빈
디지털콘텐츠 최은정 **해외기획** 우정민, 배혜림
경영지원 홍성택, 강신우, 이윤재 **제작** 이진영
펴낸곳 (주)쌤앤파커스 **출판신고** 2006년 9월 25일 제406-2006-000210호
주소 서울시 마포구 월드컵북로 396 누리꿈스퀘어 비즈니스타워 18층
전화 02-6712-9800 **팩스** 02-6712-9810 **이메일** info@smpk.kr

ⓒ 김유진(저작권자와 맺은 특약에 따라 검인을 생략합니다)
ISBN 978-89-6570-784-4 (03320)

쌤앤파커스(Sam&Parkers)는 독자 여러분의 책에 관한 아이디어와 원고 투고를 설레는 마음으로 기다리고 있습니다. 책으로 엮기를 원하는 아이디어가 있으신 분은 이메일 book@smpk.kr로 간단한 개요와 취지, 연락처 등을 보내주세요. 머뭇거리지 말고 문을 두드리세요. 길이 열립니다.